JN068757

経営危機時の会計処理

レオパレス21は難局をどう乗り越えたか

㈱レオパレス21　財務経理部
公認会計士
日野原　克巳 ［著］
Hinohara, Katsumi

中央経済社

まえがき

　2018年以降，当社・株式会社レオパレス21の施工したアパートなどにおいて施工上の不備が相次いで発覚したことにより，補修工事費用が巨額に上り，売上も急激に落ち込み，当社は経営危機に陥りました。

　一連の施工不備問題につきましては，当社施工物件の所有者様，入居者様をはじめとする関係者の皆様および各ステークホルダーの皆様には多大なるご心配およびご迷惑をおかけしましたことを深くお詫び申し上げます。

　このような危機下において，当社はかつて経験したことのない多くの会計・監査上の検討課題に直面することとなりました。これらの課題の1つひとつに対して丁寧に対応し，最悪の時期は脱することはできましたが，いまだ病み上がりの状況であることに変わりはありません。

　ただ，このような多くの会計・監査上の課題は，若手の経理人材にとって格好の研修題材となるかもしれないという思いに至りました。

　若手の経理人材は自己の担当項目のみに専念するため，すべての会計・監査上の課題を俯瞰できるような機会には恵まれていません。また，例えば，引当金，減損損失，繰延税金資産などに係る会計基準の存在は知っていても，会計基準を実務へ落とし込むような経験は乏しいかと思われます。

　そこで，当社が経営危機に際し実際に直面した多くの会計・監査上の検討課題について，会計基準に沿って具体的に記述することにより，これを広く若手の経理人材と共有したいという思いで執筆に臨みました。

　さらに，より踏み込んだ内容とするために，会計・監査上の検討課題

ごとに「監査法人との協議」の項目を設け，会計実務の本質に迫りたいと思います。

　本書は原則として，経営危機の真っ只中にあった2021年３月期決算を対象としています。

　構成としては，会計・監査上の検討課題ごとに，⑴背景，⑵会計基準，⑶会計実務，⑷監査法人との協議，⑸振り返り，の５項目に分けて記載しています。

　言わずもがなではありますが，本書は会計理論や実務のすべてをカバーするわけではありません。

　ただ，会計・監査上の検討項目としてより重要と考えられる，会計上の見積項目などを主要課題とすることにより，会計実務に関わる考え方のヒントが提供できればと思います。

　なお，本書の意見に関する部分は筆者の私見であり，当社の公式の見解ではないことを申し添えます。

　末筆ながら，本書が，ある意味，当社の実態をつまびらかにするにもかかわらず，出版を快諾してくださった宮尾文也社長と竹倉慎二取締役に，この場を借りて感謝の意を伝えさせていただきます。

　また，出版に際しては，あずさ監査法人時代の同僚の山中一郎さんから株式会社中央経済社の坂部秀治編集長を紹介していただき，坂部様には原稿の作成指導をはじめ，数多のお力添えをいただきました。ここに深く御礼申し上げます。

　2022年８月

日野原　克巳

目　　次

第3章　偶発債務

第6章 ｜ 繰延税金資産の回収可能性

第7章 固定資産の減損損失

第1章

レオパレス21の概要と
会計・監査上の課題

1 事業の内容

　筆者の所属する株式会社レオパレス21（以下「当社」という）は，建築請負したアパートなどの一括借上げによる賃借物件の賃貸・管理を主たる事業としている。具体的には，オーナーから賃借したアパートなどを入居者に賃貸するという，シンプルなビジネスである。

【図表1-1】 当社の主たる事業

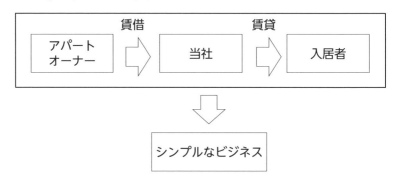

　このほか，アパートなどの営繕工事，賃貸関連諸サービス，ブロードバンドサービスなどを提供しており，グループ会社においては，社宅代行・不動産仲介事業，賃料債務保証事業，賃貸住宅入居者への家財保険等の販売，戸建注文住宅建築工事の請負などを行っている。
　また，当社グループにおいては，不動産事業に加えて，シルバー事業やリゾート事業なども営んでいる。
　なお，グループ会社が多数あるとはいえ，親会社の取引規模・財政規模の占める割合が大きく，連単倍率は売上高や総資産でたかだか1.1倍程度である。

2 ビジネスモデルの特徴

(1) 「優れた」ビジネスモデル

① 安定的な利益・キャッシュの創出

　筆者は監査法人在籍時において，上場会社をはじめ中小規模の会社，上場準備会社など規模も業種もさまざまな会社を担当する機会に恵まれた。

　当社に入社後まもなく，これらの会社と比べた場合，当社にはビジネス上の大きな特徴があることに気がついた。

　当社の事業は極めて「優れた」ビジネスモデルなのである。

　56万戸という圧倒的な単身者向け住居の管理戸数を背景に，全国どこでも良質で均一な家具家電付きの賃貸サービスの提供を目指し，業務がパターン化・標準化され，継続的に相当程度の利益やキャッシュが獲得される。

　極論すれば，時の経過によって自動的にキャッシュが生成されるようなビジネスモデルなのである。

　事実，一連の施工不備問題が発覚する前は，毎期，200億円程度の税前利益を計上し，潤沢な営業キャッシュを稼得していた。

② 少数精鋭

　また，それほどの多くの経営・幹部人材を必要としないことも，このビジネスモデルの特質である。ごく少数のエリートやキーマンさえいれば事業の運営が可能なのである。

　後述するような経営危機下における多くの会計・監査上の課題も，彼らを中心に解決への道筋がつけられた。

4

③ 他社事例

　このような「優れた」ビジネスモデルによって継続的に利益やキャッシュを生み出すことができるといった会社は，筆者の知る限り，当社以外では１社しか出会ったことがない。

　それはいわゆる中 食業に属し，テイクアウトの店をフランチャイズで展開する会社であった。会社の本部はテイクアウトの店を営む加盟店からロイヤルティを徴収する。これだけではそれほど旨味のある商売ではないが，一括仕入した食材を加盟店に卸す際に一定の利益をオンするのがミソである。

　施工不備問題の渦中にあって，当社はとあるファンドに買収されかけたが，その代表もメディアで当社の「優れた」ビジネスモデルについて言及していた。あながち独り善がりな見解ではないことがおわかりいただけたらと思う。

(2)　ビジネスモデルの弊害

　上記のテイクアウト店のフランチャイザーは，ロイヤルティの徴収と食材供給を安定的な利益の源泉とし，本部のごく少数のエリートやキーマンが，事業を回していた。業務フローに多少の非効率があっても事業の運営上，さしたる支障にもならない。

　事実，内部統制上，多くの非効率的な業務フローが認められた。業務の非効率性が認められるにもかかわらず，きっちりと利益・キャッシュが稼げるのである。逆にいえば，それゆえに，非効率を改善するようなモチベーションが働きづらいのが，「優れた」ビジネスモデルの弊害といえるかもしれない。

　稼げている以上，そもそも不断の経営努力や経営効率改善といったものがあまり必要とされない点では，当社もまったく同様であり，以下の

ような弊害が認められた。

①　経営指標の活用が不十分であること

　最近でこそ利益やキャッシュというような指標を社内で耳にすることが多くなったが，従前は，公式の会議でさえ「入居率」や「売上」といった指標のみが幅を利かせていた。京セラ創業者の稲盛和夫氏がアメーバ経営を唱え，できるだけ組織を最小単位に分解して，利益やキャッシュを算出することの重要性を訴えているのに対し，こうした最小単位での指標が算定されないことに社内で誰も異を唱えない。

　それでも，「優れた」ビジネスモデルによって会社は回ってしまうのである。

　一連の施工不備問題の発覚前は，90％を超える入居率をたたき出していた。これほどの入居率が確保されていれば，十分な利益・キャッシュを確保することができるため，指標としてはせいぜい入居率や売上高程度で間に合ってしまうのである。

　当然，算定されるべき支店ごとの利益・キャッシュなどに関心が払われることなど皆無であった。

②　投資効率の検証が不十分であること

　「優れた」ビジネスモデルによって，黙っていても利益やキャッシュが積み上がる。

　さて，このキャッシュをどう生かしたらよいのだろうか，会社は腐心する。一連の施工不備問題の発覚前は「住まい」全般を担う企業であると標榜し，さまざまな住居関連事業にキャッシュを注ぎ込んでいた。

　ホテル業，戸建事業，シルバー事業しかり。

　しかしながら，例えば外食企業が同じ「食」に関連するという理由で安易に中食事業や内食事業に触手を伸ばしてもうまくいかず，結局は撤

6

退してしまうような事例など枚挙にいとまがない。当社の投資も，まさしく同様のケースである。同じ部屋を貸すにしても，アパートの賃貸事業とホテル業やシルバー事業とでは，ノウハウがまるで異なるのである。

　住居関連として投資した事業のいずれもが，成果を上げるのに苦心していた。

　それにもかかわらず，これらの投資の効率性に対する事前と事後の検証が甘い。

　投資に際しては，事前にその事業の採算性を慎重に検証するとともに，投資後においては事業計画の進捗状況を厳格に検証しなければならないのだが，いずれの検証も不十分であった。

　前述したように，本業の賃貸事業ですらそのような検証は行われていないのだから，このような状況に陥ってしまうことは必然なのかもしれない。

③　人材育成が不十分であること

　会社がごく少数のエリートやキーマンで回ってしまうということは，人材を育てる企業風土が形成されないことに直結する。

　どうも，全社的に上司が部下を育てようとする気概が感じられず，以下のような特徴が認められた。

　もともと働き盛りといわれる30代，40代の層が薄く，自己研鑽に有用となるライバルの存在も少ないことも一因かもしれない。

●成り上がり

　今のエリートやキーマンたちは，会社に大切に育てられたわけではなく，まるで昔気質の職人のように，上司の背中を見て，自らキャリアを獲得し，勝ち残り，成り上がってきたような面々が多い。

　彼らのような人材が不足しているときは，金融機関からの出向者，中

途採用などで補うほか，課題解決やプロジェクト遂行のため，アウトソーシング会社へ多額のフィーが支払われていた。

●研修不足

最近は改善されてきたようではあるが，研修の機会は少なく，あっても効果の薄い研修が散見され，外部に丸投げしているような場合も多い。

筆者が受講した研修も「いい年のおっさん」をつかまえて，泊まり込み研修と称し，外部講師を招聘し，夕食後にも「宿題」が与えられた。

まるで中学受験さながらである。

その内容も，ケーススタディを用いた欧米の研修モデルを直輸入したような，よくあるパターン化された研修だ。

「まったく無駄です」

思わず当時の管理担当役員に食って掛かってしまった。

一方，経理関係の研修は皆無であった。研修により経理スキルを高める機会が与えられていなかった。

●ビジネススキルを磨く機会が少ない

「優れた」ビジネスモデルのために，他部署や社外とのコミュニケーションの機会にも恵まれず，交渉，課題の取りまとめ，ビジネス文書の作成といったビジネススキルが身についていない面々も決して少なくない。

稟議書ひとつまともに作成しないで会社人生を終えるようなケースも，決して珍しいことではないかもしれない。

なお，一連の施工不備問題の影響で入居率が伸び悩み，ビジネスモデルそのものが揺らいでいることについては，第 5 章「継続企業の前提に関する注記」で詳述する。

【図表1-2】「優れた」ビジネスモデルの特徴と弊害

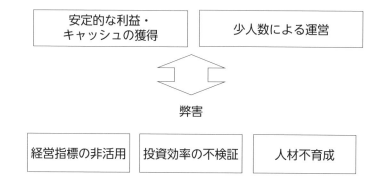

特徴

| 安定的な利益・キャッシュの獲得 | 少人数による運営 |

弊害

| 経営指標の非活用 | 投資効率の不検証 | 人材不育成 |

3 本書で記載する会計・監査上の検討課題

　そのほか，「優れた」ビジネスモデルの弊害ともいえる事項として，もう一点挙げることができるかもしれない。

　この「優れた」ビジネスモデルによって，安定的に一定規模の利益を計上している場合，シリアスな会計・監査上の検討課題に遭遇するような場面は限られてくる。せいぜい，前述した住居関連に係る投資効率の検証くらいであろう。

　いわゆる平常時においては，監査法人もそれほどの労力を要することなく監査意見を表明することができ，会社と監査法人との協議なども特に行われることはない。

　しかしながら，ひとたび不祥事やかつてのリーマンショックなどといった緊急事態が発生すると，その脆弱性が露呈する。

　平常時は順風満帆そのものであった会社が，一度経営危機に陥ると一気に課題が山積みとなり，それだけ監査法人との協議の場面も多くなる。

「優れた」ビジネスモデルは打たれ弱い。

　本書においては，一連の施工不備問題などによって，普段なら生じえないような個別具体的な会計・監査上の検討課題をメインに，会計基準に則って説明を加えることとする。

　併せて，その課題ごとに会計実務への落とし込みや監査法人との協議についても記述する。

(1)　施工不備問題に係る会計・監査上の検討課題

①　施行不備に係る補修工事

　まず，当社のビジネスモデルを揺るがすような近年における最大の危機は施工不備問題であった。詳細は第2章「補修工事関連損失引当金」に譲るが，当社の施工したアパートなどにおいて各住戸の間を区切る壁（「界壁」という）に係る施工不備が多くの商品シリーズで発覚したのである。

　さらに，複数の商品シリーズにおいて界壁以外の不備も発覚し，これらの不備戸数が相当数に上った結果，補修工事に係る引当額は一時期500億円を超え，会社の屋台骨を揺るがすほどの金額に上った。

　「優れた」ビジネスモデルを支える圧倒的な管理戸数が逆にアダとなったのである。

　もはや，相次ぐ施工不備の発覚によって，これ以上の不備は発覚しないと言い切ることが困難な状況にまで陥ってしまった。また新たな不備が発覚するのではないかという，まさに疑心暗鬼の様相を呈し，さらなる不備の発覚の可能性も否定できないということで，「偶発債務（第3章）」の検討が必要となった。

②　売上・利益の減少

　一連の施工不備問題は当社の売上を直撃した。

　補修工事のために相当数の部屋の募集を停止しなければならないのはもちろん，法人や個人の顧客が当社アパートへの入居を控えることとなり，一時は90％を超えていた入居率が80％を割ってしまうような事態となった。

　入居希望者の減少に伴う空室の増加により，「空室損失引当金（第4章）」に係る計算方法の見直しが必要となった。

　入居率の低下による売上の減少は，利益やキャッシュ・フローの減少を招く。ファンドから570億円余りもの出資の受入れ・借入れを行ったにもかかわらず，キャッシュの減少に歯止めがかからず，また，金融機関もすでにカネやヒトを引き揚げており，ここにきて，会社の存続そのものにも疑義が生じかねないということとなった。この点は，第5章「継続企業の前提に関する注記」で詳述することとする。

　その後も，なかなか売上が回復せず，補修工事も思うように進まなかったため，事業計画の作成すらままならず，将来の課税所得も不透明なものとなりかねず，「繰延税金資産（第6章）」について検討する必要が生じた。

【図表 1－3】売上，利益，キャッシュの推移

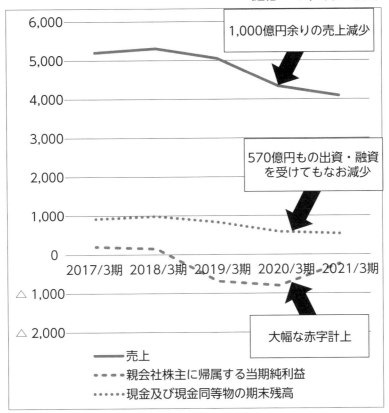

（連結ベース，単位：億円）

もちろん，当社もこれらの危機に対して，手をこまねいていたわけではない。抜本的な施策として，聖域なき資産売却をはじめとするリストラにも踏み切ることとなったが，多額の損失計上や繰延税金資産の取崩しにより，上場基準に定める純資産（純資産－新株予約権－非支配株主持分）は債務超過に転落し，また，多額の資産売却により総資産は著しく減少することとなった。

　加えて，資本政策の柔軟性・機動性の確保を図るため，2021年 6 月開催の定時株主総会決議に基づき， 1 億円までの減資を行うこととなった。

12

【図表1-4】抜本的施策

コア事業	賃貸事業	強化
		入居率改善に向け，法人営業の人員を増強 IT（Web/AI・IoT等）を積極活用し，オペレーションを効率化
	開発事業 （賃貸セグメント）	縮小
		施工不備対応に注力すべく，開発事業の新規受注を停止
戦略的事業	シルバー事業	維持・継続（シナジー強化）
		賃貸事業でのシニア層顧客の獲得強化に向け，ニーズ開発等でシナジーを創出
ノンコア事業	ホテルリゾート事業 国際事業	撤退・譲渡
		国内ホテル事業から撤退（ホテル名古屋を売却) リゾート（グアム）事業から撤退 国際事業から撤退 賃貸事業とのシナジー創出余地が僅少な子会社は撤退
全社		組織のスリム化／ガバナンス改革
		約1,000名の希望退職の募集を実施 取締役・執行役員数削減，役員報酬減額，顧問・相談役制度廃止

出典：2021年3月期　有価証券報告書

【図表1-5】純資産・総資産の推移

（連結ベース，単位：億円）

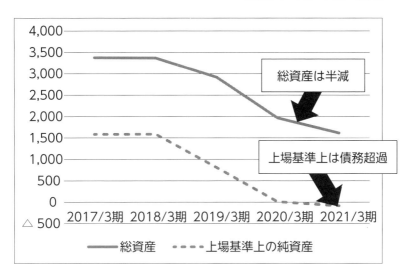

(2)　新型コロナウイルス感染症に係る会計・監査上の検討課題

　施工不備問題に加えて，新型コロナウイルス感染症も当社の足を引っ張ることとなった。

　わが国においては，宿泊，観光，外食などといった業種がコロナ禍による多大な影響を受けたが，当社の一部の関係会社についても例外ではなかった。短期的な業績回復が困難となり，もはや経営危機下にある当社では支えきれないと判断し，譲渡対象となった。

　この譲渡価額を巡って，立場の弱い当社と譲渡先との間にタフな交渉が交わされたことについては，第8章「関係会社株式等の減損損失」で詳述する。

(3) 平常時における会計・監査上の検討課題

　施工不備問題やコロナ禍とは直接の関係はないが，これらの課題と同時期に発生した「平常時」の論点として，本書では2点取り上げた。

　まず，当社のリゾート事業を担う子会社であるレオパレスリゾートグアム（Leopalace Guam Corporation）に係る課題である。もともと投資規模が巨額であり，償却負担を賄うほどの収益が計上できないことが懸念された点については，第7章「固定資産の減損損失」で記述する。

　もう1つが，新しく制度化された収益認識基準の適用に係る課題である。社内での啓蒙活動やシステム対応について，第9章「収益認識」で記述する。

4 　決算書分析

(1) 主要な経営指標

　一連の施工不備問題が発生する直前の2018年3月期においては，売上高5,300億円，総資産3,300億円，純資産1,500億円，経常利益220億円を計上しており，これらが当社の平常時における経営指標と考えられる。

　すなわち，当時は上場企業たるにふさわしい取引規模と財政規模を有し，営業キャッシュ・フロー270億円余り，自己資本比率47％，ROE（自己資本利益率）9％超と十分に投資対象となりうるような実績を確保していた。事実，株価も600～800円台で推移している。

　一方，2021年3月期においては，施工不備問題のダメージにより，売上高4,000億円，総資産1,600億円，純資産30億円，経常利益△340億円まで落ち込んだ。売上高は1,300億円減少し，総資産は半減し，債務超過寸前という赤字会社に転落し，まさしく経営危機に陥った。その結果，

株価は100円台にまで下落した。

(2)　比較連結貸借対照表（抜粋）

①　資産の部

（単位：百万円）

		前連結会計年度 （2020年 3 月31日）	当連結会計年度 （2021年 3 月31日）
	現金及び預金	60,501	54,863
a	売掛金	7,260	7,930
b	完成工事未収入金	532	524
	……………	……………	……………
c	未成工事支出金	725	238
d	原材料及び貯蔵品	539	497
	……………	……………	……………
	流動資産合計	88,304	72,598
e	建物及び構築物（純額）	23,863	19,557
f	機械装置及び運搬具（純額）	9,798	8,589
g	土地	36,893	31,118
	……………	……………	……………
	有形固定資産合計	85,534	70,052
	……………	……………	……………
	無形固定資産合計	5,504	4,173
	投資有価証券	8,163	5,431
	……………	……………	……………
	投資その他の資産合計	17,385	14,883
	固定資産合計	108,424	89,109
	……………	……………	……………

	前連結会計年度	当連結会計年度
繰延資産合計	224	–
資産合計	196,953	161,708

　当社の主力事業である賃貸事業の特徴として，入居者からの家賃は原則として前払いで徴収するため，売上債権(a)は比較的少額であり，また，基本的に在庫を保有しないため，棚卸資産(d)も比較的少額である。

　一方，アパートなどの建築請負業務に係る売上債権として完成工事未収入金(b)が，また，建築請負業務に係る棚卸資産として未成工事支出金(c)が計上される。

　また，賃貸物件はオーナー所有であり，固定資産（e，f，g）は本社などの事業所がその主たる内訳項目である。

②　負債の部

（単位：百万円）

		前連結会計年度 （2020年3月31日）	当連結会計年度 （2021年3月31日）
h	買掛金	3,376	3,172
i	工事未払金	1,245	514
j	前受金	31,997	28,239
k	未成工事受入金	1,783	541
l	補修工事関連損失引当金	8,302	3,777
m	空室損失引当金	11,715	9,301
	…………	…………	…………
	流動負債合計	90,006	65,798
n	長期借入金	15,650	30,615
o	長期前受金	9,451	7,869
p	補修工事関連損失引当金	47,945	29,732

q	空室損失引当金	4,191	2,960
	…………	…………	…………
	固定負債合計	105,357	92,633
	負債合計	195,363	158,431
	資本金	75,282	81,282
	資本剰余金	45,148	55,174
r	利益剰余金	△118,874	△142,586
	…………	…………	…………
	株主資本合計	1,083	△6,474
	…………	…………	…………
	その他の包括利益累計額合計	220	△2,019
	…………	…………	…………
	純資産合計	1,589	3,277
	負債純資産合計	196,953	161,708

　賃貸事業の特徴として，アパートオーナーへの支払家賃などは比較的支払サイトが短いため，仕入債務(h)は比較的少額となる。また，入居者からの家賃は原則として前払いで徴収するため，前受金（j，o）が比較的多額に計上される。

　一方，建築請負業務に係る債務として工事未払金(i)や未成工事受入金(k)が計上されるが，施工不備問題による業務縮小のため減少している。

　また，施工不備物件の補修に係る引当金（l，p）が多額に計上され，入居率低下に伴い従前固定負債に計上されていた空室損失引当金（m，q）が流動負債にも計上された。

　なお，長期借入金（(n)のうち当期分）が計上されているが，事業の性格上，当社の借入需要は乏しいものの，経営危機に際しファンドから出資と合わせて調達したものである。

18

　欠損金(r)はすべて一連の施工不備問題により生じたものであるが，かつての総資産3,000億円が半減した主因である。

(3)　比較連結損益計算書（抜粋）

（単位：百万円）

	前連結会計年度 （自　2019年4月1日 至　2020年3月31日）	当連結会計年度 （自　2020年4月1日 至　2021年3月31日）
賃貸事業売上高	412,746	391,964
その他の事業売上高	20,807	16,994
売上高合計	433,553	408,959
賃貸事業売上原価	387,510	370,872
その他の事業売上原価	20,601	17,000
売上原価合計	408,112	387,872
売上総利益合計	25,441	21,086
…………	…………	…………
販売費及び一般管理費合計	61,915	50,269
営業損失（△）	△36,473	△29,182
…………	…………	…………
経常損失（△）	△36,341	△34,170
…………	…………	…………
税金等調整前当期純損失（△）	△58,013	△22,925
…………	…………	…………
当期純損失（△）	△80,224	△23,205
…………	…………	…………
親会社株主に帰属する当期純損失（△）	△80,224	△23,680

　連結損益計算書については，連結貸借対照表とは異なり，それほど当社固有の事項は認められない。

　むしろ，特別損失項目において施工不備問題の影響が色濃く出ている点が特徴的である。

(単位：百万円)

		前連結会計年度 (自　2019年4月1日 至　2020年3月31日)	当連結会計年度 (自　2020年4月1日 至　2021年3月31日)
s	減損損失	7,620	4,041
t	補修工事関連損失引当金繰入額	21,501	－
u	補修工事関連損失	2,894	982
v	退職特別加算金	227	2,479
w	関係会社整理損	－	151
	…………	…………	…………
	特別損失合計	33,353	8,419

　上記のように，キャッシュの確保のために当社賃貸物件の売却を決定したことなどにより，減損損失(s)が計上され，施工不備物件の補修のために引当金繰入額(t)とその関連損失(u)が計上された。

　また，抜本的施策の一環として人員削減が図られた結果，特別退職金(v)が計上され，関係会社の売却に際して，整理損(w)が計上されることとなった。

第2章

補修工事関連損失引当金

1 背　景

「日野原さん！」

背中越しに管理担当役員に呼ばれた筆者は，そちらに振り返った。

「どうも，施工に不具合のあるアパートがまとまって見つかったようだ。会計的な手当てはどうすればよいだろうか」

まさしく，一連の施工不備問題に係る会計処理（補修工事関連損失引当金）の検討が始まった瞬間である。

以後，施工不備問題に係る会計上の処理について，幾度となくその役員からの呼出しが掛かることとなった。

(1) 界壁の施工不備

当社が施工したアパートの２つの商品シリーズで，建築確認を受けた図面と実際の施工内容との間に一部相違があったため，すべての対象物件の調査を実施し，相違があった物件については，施工者としての責任に鑑み，補修工事を実施する旨が2018年４月に公表された（**図表2-1**参照。同じアパートであっても，入居者向けには当社の「賃貸物件」となるが，オーナー向けには当社の「商品」となる）。

当社の施工物件において，界壁の小屋裏・天井裏部分について施工不備が発見されたのである。

界壁とは，共同住宅など各住戸の間を区切る壁のことをいい，「防火」「遮音」について建築基準法など関係法令の技術的基準に基づく性能を満たすためには，**図表2-2**のように小屋裏・天井裏まで達するように設ける必要がある。

その界壁に隙間があったり，界壁そのものがなかったりする物件が発見されたのである。

【図表2−1】2018年4月付けリリース（抜粋）

　当社一部物件における確認通知図書との相違部分に対する補修工事の実施について

　　　　　　　　　　　　　　　　　　　　　　2018年4月27日
　　　　　　　　　　　　　　　　　　　　株式会社レオパレス21

　株式会社レオパレス21（東京都中野区，社長：深山英世，以下：レオパレス21）は，当社が，開発・販売した集合住宅「ゴールドネイル」および「ニューゴールドネイル」シリーズ（以下「対象物件」といいます）において，確認通知図書（建築確認を受けた図面）と実際の施工内容が一部異なるものがあり，この度，すべての対象物件において確認調査を行なった上で，補修工事を実施させて頂く事といたしましたのでお知らせ致します。

　お客様をはじめ関係者の皆さまにはご心配，ご迷惑をおかけする事態となり，心よりお詫び申し上げます。

記

1．相違部分
　・小屋裏壁構成部
　　確認通知図書に記載されていた小屋裏界壁が施工されていない点
　　…………
2．調査対象物件
　・対象物件すべて
　　…………
3．公表の経緯
　　…………
4．建物の安全性
　　…………
5．今後の対応
　　…………
6．今後のスケジュール

　　　　…………
7．対象物件以外の確認作業
　　　　…………
8．本件に起因する業績への影響
　・本件に起因する当社の業績に与える影響は軽微であると考えております。

（下線は筆者）

【図表2-2】界壁とは

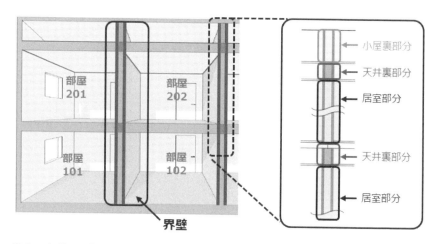

出典：当社HP「界壁施工不備問題の概要について」（https://www.leopalace21.
　　　co.jp/info/overview.html）

　続いて，6つの商品シリーズの一部において，建築基準法違反の疑いのある物件が発見されたため，会社が施工したすべての物件を調査し，補修工事を実施していく旨が2018年5月に公表された。
　これを受けて，本社において記者会見が開かれ，管理担当役員が説明に当たることとなった。

【図表2-3】2018年5月付けリリース（抜粋）

当社施工物件における界壁工事の不備について

2018年5月29日

株式会社レオパレス21

　株式会社レオパレス21（東京都中野区　社長：深山英世）は，本年4月27日付けで公表したリリースでお知らせした通り全棟調査を開始しましたが，その過程で，1996年〜2009年に建てられた，当社施工物件の一部において，建築基準法に違反の疑いのあるものが発見されましたので，以下詳細をご報告致します。引き続き全棟調査を進め，補修工事を行なってまいります。入居者様，物件オーナー様，監督官庁並びに特定行政庁の皆さまには多大なるご心配とご迷惑をお掛けしましたことを深くお詫び申し上げます。

記

(ア)　建築基準法に違反の疑いのある施工物件についてのご報告

1．確認された施工物件

　…………

2．発生原因

　…………

3．現在の検査体制と更なる再発防止策

　…………

(イ)　今後の対応方針について

1．今後の対応及びスケジュール

　…………

2．調査及び補修工事開始時のご案内について

　…………

(ウ)　4月27日付けリリース内容についての途中経過報告

　…………

(エ)　業績への影響

> 当社の業績に与える影響について，現時点においては軽微であると考えております。

（下線は筆者）

　この時点においては，よもや，施工不備問題により経営危機に陥るなどといったような危機感など会社が微塵も抱いていなかったことは，いずれのリリースにおいても，「業績に与える影響は軽微」との記載からも読み取ることができるであろう。

　なお，2018年3月期決算において，施工不備問題についての偶発債務注記が初めて付されることとなった（第3章で詳述）。「施工不備に係る補修費用等が発生する可能性は高いものの，調査に着手して間もないため，業績への影響額を合理的に見積ることはできない。」旨の記載が行われたが，多額の損益影響を想起させるようなものではなかった。

⑵　発泡ウレタン，天井の施工不備

　その後，全棟調査の過程で，一部の商品シリーズにおいて，界壁と外壁の施工部材に，設計図書で記載されたグラスウールではなく，発泡ウレタンが施工されているものがあること，また，1つの商品シリーズの一部において，居室の床を構成する天井部の施工仕上げに不備があることが新たに確認され，2019年2月に公表された。

　直近の2018年12月末日時点においては，現金預金892億円，自己資本比率35.2％（いずれも連結ベース）というような盤石な財務基盤が保持されてはいた。しかし，当初の施工不備以外に立て続けに複数の不備が発覚したことにより，他の施工物件における不備の可能性もありうるというような疑念が，ここにきて生じることとなった。

⑶　鉄骨造物件の施工不備

　引続き全棟調査を進める過程で，会社が施工した鉄骨造物件において，耐火構造の界壁とすることが求められているにもかかわらず，国土交通大臣認定に定める仕様に適合しないものとなっている物件があることが確認され，2019年5月に公表された。

　これがダメ押しとなって，もはや底なし沼のような状況に陥り，社内は，また別の不備が発覚するのではというような疑心暗鬼にとらわれていた。施工不備問題が連日のように報道され，国会でも取り上げられるようになり，担当大臣からは極めて遺憾などといったコメントも発せられる事態となった。

　筆者らは，経理部署として一連の会計事実を財務諸表に適時に反映させるべく，管理担当役員から日々新たな情報を入手していた。だがその結果，施工不備の全容を知りうる立場となり，心身ともに不安定な状況が続くこととなった。

⑷　外部調査委員会

　2019年2月に元最高検察庁次長検事の伊藤鉄男氏を委員長とする外部調査委員会が設置され，同委員会より2019年5月に「施工不備問題に関する調査報告書」が提出された。

　報告書では，創業者社長のワンマン経営により会社は急成長した一方で，コンプライアンス意識が著しく欠如することとなった経緯が如実に記載されていた。まるで，心の成長が追い付かずに，図体だけが大きくなってしまった大人のようである。

　余談ではあるが，この報告書で「走りながら考える」ことが槍玉に挙げられている。実際にご迷惑をおかけした以上，本件について弁明の余地はないかもしれないが，そもそも企業活動などというものは走り続け

ることが必要であろう。その意味で，言い過ぎの感は否めないのではないかと思う。

⑸　急増する引当額

　2018年9月の第2四半期決算までの補修工事関連損失引当金は67億円程度であった。入居率もそれほど落ち込んでおらず，界壁の施工不備が発覚したとはいえ，業績に与える影響はさほどでもないと考えられていた。

　ところが，発泡ウレタン，天井に係る施工不備の発覚後においては，引当額は500億円を超えることとなった。入居率も85％を下回り，業績不安が一気に表面化した。同時に，アパート建築に係る請負工事の受注も大きく減少し，建築請負部門は新規の受注を停止した。

　一連の経営責任を問われる形で，2019年の定時株主総会において社内取締役は，経営企画・IR担当取締役（現社長）を除き，総退陣することとなった。

　ただし，この引責辞任によって施工不備問題が決着したわけでは決してなく，むしろ，ここからが「いばらの道」であった。今や会社の信用は地に堕ち，損益やキャッシュ・フローが急速に悪化し，会社の存続そのものが危ぶまれた。

　一方，コンプライアンス強化のため，担当部署の増員が図られ，社外取締役を委員長とするコンプライアンス委員会も新設された。

　当時，社員はスーツにSDGs（「持続可能な開発目標」）のバッジを付けていたが，いつしか付ける者もいなくなり，そればかりか，社外では社章さえも外すようになっていた。何よりも「会社を立て直し，人様にご迷惑をお掛けしない」ことが先決であり，もはやSDGsなどは遠い将来のことのように思われた。

【図表2-4】補修工事関連損失引当金の推移

(四半期ベース，単位：億円)

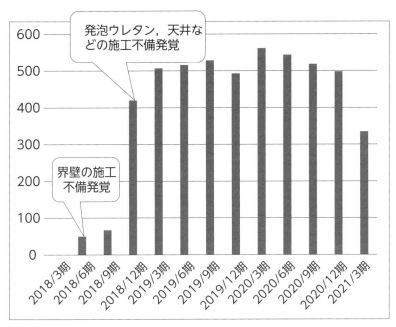

(注) 引当金は連結・単体同額

2 会計基準

(1) 引当金

　会計基準上，引当金については，以下のように定められている（番号，下線は筆者）。

「①将来の特定の費用又は損失であって，②その発生が当期以前の事象に起因し，③発生の可能性が高く，かつ，④その金額を合理的に見積ることができる場合には，当期の負担に属する金額を当期の費用又は損

失として引当金に繰入れ，当該引当金の残高を貸借対照表の負債の部又は資産の部に記載するものとする。」（企業会計原則注解18）

　これらがいわゆる引当金の4要件であるが，会社の計上する補修工事関連損失引当金に関しては，4要件の中でも④の金額の合理的な見積りが重要な検討課題となった。

　会計上，または監査上，引当金は経営上の重要な判断を伴うという意味で，質的に重要性が高い項目であるにもかかわらず，他の見積項目と同様，金額の妥当性に係る事前の検証が困難という特性がある。すなわち，事前の検証手続としては，見積計算手続に係る合理性の検証，社内における承認手続の確認程度しか実施できず，結局，事後の検証時において，引当額と実際発生額とを比較することによって，はじめて引当金の妥当性が十分に確かめられることになる。

　補修工事関連損失引当金についても，見積りに関する事前の検証が困難なため，事後的に実際の補修工事費用と引当額との比較を行うことが重要な検証手続となるのである。

(2) 重要な会計上の見積り

　2021年3月期決算から，重要な会計上の見積りについての注記が新たに必要となった（企業会計基準第31号「会計上の見積りの開示に関する会計基準」）。

　具体的には，財務諸表に計上した金額が会計上の見積りによるもののうち，翌年度の財務諸表に影響を及ぼすリスクがある項目における会計上の見積りの内容について，会計上の見積りの内容を表す項目名，当年度の財務諸表に計上した金額，その他の情報（金額の算出方法，算出に用いた主要な仮定，翌年度の財務諸表に与える影響など）を注記する。

　補修工事関連損失引当金についても，翌年度の財務諸表に影響を及ぼすリスクがある項目と認められ，必要な注記が記載された（具体的な記

載内容については後述③(5)「重要な会計上の見積り」（39頁）参照）。

(3)　監査上の主要な検討事項（KAM：Key Audit Matters）

　補修工事関連損失引当金の計上は，見積りの不確実性が高いと識別された会計上の見積りを含む，経営者の重要な判断を伴ううえ，引当額も335億円と巨額であり，金額的重要性も認められた。このため，2021年3月期から新たに導入されたKAM（監査上の主要な検討事項）として監査報告書に記載されることとなった。

　ここでKAMとは，当年度の財務諸表監査において，監査人が特に重要であると判断した事項をいい，主要な検討事項の内容，主要な検討事項に決定した理由，主要な検討事項に対する監査上の対応などが監査報告書に記載される（監査基準第四「報告基準」，監査基準委員会報告書701「独立監査人の監査報告書における監査上の主要な検討事項の報告」）。KAMは監査法人により実施された監査に関する透明性を高めることにより，監査報告書の情報伝達手段としての価値を向上させるために，諸外国と平仄を合わせてその報告が制度化されたものである。

　当社の監査報告書においては，**図表2-5**のように，主要な検討事項の内容，主要な検討事項に決定した理由，主要な検討事項に対する監査上の対応の順でKAMが記載された（後述③(6)「KAM」（41頁）参照）。

【図表2-5】会社における補修工事関連損失引当金に関するKAMの記載

補修工事関連損失引当金	
監査上の主要な検討事項の内容及び決定理由	監査上の対応
2021年3月31日現在，連結貸借対照表における補修工事関連損失引当金の残高は33,509百万円である。ま	当監査法人は，補修工事関連損失引当金の見積りについて検討するに当たり，主として以下の監査手続を

32

た，これに関連する重要な仮定は，
【注記事項】（重要な会計上の見積り）
１．に記載されている。

　会社は，2018年４月に公表した小屋裏等界壁不備のほか，同年５月，2019年２月及び同年５月に公表した施工不備に関し，会社が施工した物件全棟の調査，不備が認められた場合には法的仕様に適合させるための補修工事を行うことを決定しており，施工不備対策本部を設けて施工物件の調査を進めている。また，この調査により不備が確認された物件については，入居者や物件所有者との調整を進めながら，順次補修工事を実施している。

　会社は，施工物件の不備に係る補修工事費用及び付帯費用の発生に備えるため，不備の種類に応じた補修方法，会社が施工した他社管理物件の借上げ，一級建築士による調査，入居者の住替費用負担など，必要な対応を検討のうえ，それらに要する金額を合理的に見積り，補修工事関連損失引当金を計上している。

　補修工事関連損失引当金の見積りは，補修工事の工法及び工期，並びに監督官庁，入居者及び物件所有者等を含む関連各者への対応に関する経営者の重要な判断を伴う。また，補修工事費用及び付帯費用については，発注方法や工法の変更，外注し

実施した。

● 　調査，補修工事の方法及び実施スケジュールに関して経営者等に質問し，監督官庁への報告の内容，調査に係る社内人員体制，補修業者との契約状況等を踏まえ，その実行可能性について評価した。

● 　引当金計算の対象となる物件の総数について，過去に入手した会社資料と比較することにより，また前連結会計年度末からの増減分析及び認識している他の情報との整合性を検証した。

● 　引当金計算に使用された不備発生率について再計算を行った。

● 　補修工事の見積り単価について，経営者等に質問するとともにその見積り単価計算資料を入手し，以下の監査手続を実施した。

・実績単価を基礎として見積り単価計算を行っているものについては，試査により見積り単価計算資料と外注費の請求書等との証憑突合を実施したうえで，見積り単価計算の再計算を実施した。

　また，過去における見積りとその後の実績との比較分析を行うとともに，差額に異常又は非経常的な要因がないことを確かめたうえで，実績値が引当金計算

ていた工事の一部内製化，工事スケ
ジュールの見直し等考慮して継続的
に見直しが図られており，これらの
状況によって引当金計算の前提が重
要な影響を受けることから，引当金
の見積りには不確実性を伴う。この
ため，当監査法人は当該事項を監査
上の主要な検討事項であると判断し
た。

に使用されていることを確かめ
た。
・外部の施工業者からの見積書を
基礎として見積り単価計算を
行っているものについては，試
査により見積り単価計算資料と
外注費等の見積書との証憑突合
を実施したうえで，見積り単価
計算の再計算を実施した。
● 付帯費用について，計算に用い
られている単価等に関して過去実
績との比較分析等を行った。
● 補修工事関連損失引当金額につ
いて，再計算を実施した。
● 監督官庁への報告の内容，リス
ク管理委員会やコンプライアンス
委員会における協議の状況につい
て議事録を閲覧することにより，
引当対象とされていない重要な施
工不備が認識されていないことを
確かめた。

（2021年3月期，下線は筆者）

【図表2-6】会計・監査基準上の検討事項

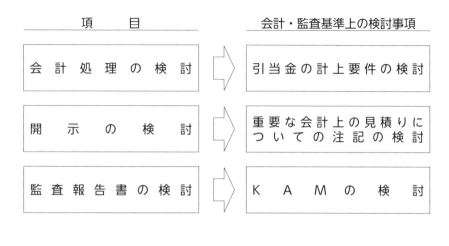

項　　目	会計・監査基準上の検討事項
会計処理の検討	引当金の計上要件の検討
開示の検討	重要な会計上の見積りについての注記の検討
監査報告書の検討	ＫＡＭの検討

3 会計実務

(1) 完成工事補償引当金

　施工不備問題の発覚前においても，完成工事に係る瑕疵担保責任に基づく補償費に備えるため，完成工事補償引当金が計上されていた。ただし，金額的には1億円程度と僅少であり，2021年3月期決算における引当額は67百万円であった。

　補修工事関連損失引当金と完成工事補償引当金は，ともに補修に要する費用という意味ではほぼ同様の内容である。しかし，補修工事関連損失引当金は通常の事業活動において生じるような項目ではないという意味で，質的にも，また金額的にも重要性が認められるため，別個の取扱いをすべきという観点から，新たな勘定科目として補修工事関連損失引当金が設けられることとなった。

(2)　具体的な算定方法

　補修工事関連損失引当金の大枠の計算方法については，最初に計上された2018年６月期から，ほとんど変更はなかった。

　具体的には，以下の４つの計算要素から構成されているが，基本的には「数量×単価」で算定される。もちろん，これに適合する計算ソフトがあるわけでなく，一連の施工不備問題を管掌する管理担当役員からの情報をもとに，表計算ソフトによって，数学的な素養もない筆者が一から考えて計算していった。それでも，監査法人からは特段の異論はなく，すんなりと受け入れられた。

　すなわち，計算方法自体は複雑なものではなく，判断の要素は少ない。ただし，４つの計算要素を構成する各々の数量と単価については見積りの要素が多分にあり，特に，単価の見積りについては金額的な重要性も認められるため，算定にあたって神経質にならざるをえなかった。

①　補修工事費用

　施工不備の種類ごとに，補修工事すべき物件数に，補修工事単価を乗じて算定した。

　補修すべき物件数については，施工不備に係る調査で判明した不備物件数から不備率を算定し，これに物件シリーズごとの物件数を乗じて求めた。

　一方，補修工事単価については，補修工事実績のあるものはこれを基礎として，補修工事実績のないものは社内ないし施工業者による見積単価を用いた。

②　借上費用

　当社が施工し他社が管理している物件のうち，空室となっている物件

については，当社がその物件を借り上げていたため，借上物件ごとの借上月数に家賃などを乗じて計算した。

③　外部調査費用

　未調査の物件と補修工事の完了確認が必要な物件に，一級建築士への調査委託費用の実績単価を乗じて計算した。

④　住替等費用

　主に他社が管理している物件について，住替えなどが必要と見積られる物件数に，住替費用などの実績単価を乗じて算定した。

(3)　補修工事費用

　前述のように，補修工事費用に対する引当金は，数量（補修工事物件数）に単価（補修工事単価）を乗じて算定される。

　まず，補修工事が必要な物件数は，調査で判明した施工不備が認められた物件数に係る不備率から推定した。例えば，A商品のシリーズについて，100戸調査したうち20戸に施工不備が見つかったとすると，不備率は20％となる。会社全体でA商品が1,000戸あるとすれば，1,000戸×20％＝200戸が，A商品について補修工事を要する物件数であると推定するのである。

　これらの調査件数，施工不備が判明した件数，商品全体の件数はいずれも明確な数値として捉えることができ，そこに判断の余地は生じないため，比較的容易に算定が可能であった。

　一方，補修工事単価の見積りについては，補修工事が開始され実績値が出るまでは，社内または外部業者の見積りによらざるをえなかった。施工不備の発覚当初においては，具体的な工法は確定しておらず，社内で見積るケースも多く，過去の経験を頼りに材料費，人件費，経費を積

み上げて補修工事単価を見積るしかなかった。ほかに手段がなかったとはいえ，あくまで概算値ということで，必ずしも十分な客観性が確保されていたわけではなかった。

　ただし，補修工事の実績が積み上がってくるに従い，見積工事単価としての客観性が高まっていった。

　このように補修工事単価は補修工事物件数と比べて，事前の検証手段に乏しく，その見積りに困難を伴う場合もあったため，事後の検証手段としての実績工事単価との比較は，引当額の妥当性確保のための重要な手続となった。したがって，見積工事単価については，常に実績工事単価との比較が行われ，監査法人により四半期ごとに入念に検証が行われた。

　なお，この補修工事単価についても補修工事物件数と同様に，引当て当初から結果的にそれほど見積工事単価と乖離するようなことはなかった。

　当初から引当額が急増したのは，前述①「背景」（22頁）に記載のとおり，新たな施工不備の発覚によるものであり，種々の裏付け資料を基礎として，監査法人により引当金の計算の妥当性が検証された。ただ，彼らの指摘により引当額が大きく変動したことは一度もなかった。

38

【図表2-7】補修工事費用の見積り

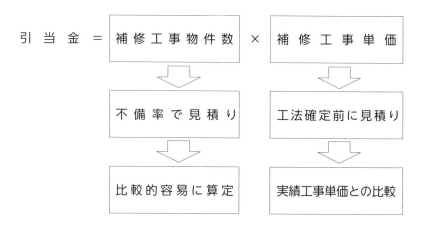

(4) 当局対応

　当社の賃貸事業を所管する官庁は国土交通省である。問題発覚後，当社はまずは現況を報告し，その対応策について指導を仰ぐことになった。

　筆者は担当者ではないため，当局との詳細なやり取りは承知してはいないが，当局への報告・連絡・相談はかなり頻繁に行われていたようである。

　当初はすみやかな補修工事を要請されたものの，会社の資金繰り状況に鑑みると，拙速に進めるわけにもいかず，補修工事の延期について一定の理解が得られたのも，当局との密接な関係づくりによるところが大きかったものと思われる。

　国交省が当社に対して大局的な見地から指導を行うのに対して，アパートの所在地を所管する市区町村（特定行政庁）からは，個別具体的な指導が行われた。

　国交省や特定行政庁との折衝状況に応じて，補修スケジュールや補修方法に変更が加えられ，これらに即した会計処理が，都度，検討される

こととなり，当局との協議内容を記載した議事録は四半期ごとに監査法
人に提出された。

⑸　重要な会計上の見積り

　補修工事関連損失引当金を重要な会計上の見積りに係る注記として有
価証券報告書に記載するにあたり，他の重要な会計上の見積りの注記と
同様，どこまで踏み込んで記載するのかが，開示上の重要な検討課題と
なった。

　一般論として，重要な会計上の見積りの注記において，会社の内部情
報をむやみに開示することで，痛くもない腹を探られることを回避した
いというような会社の事情がある一方，より多くの開示を迫る監査法人
とのせめぎ合いの可能性も十分に考えられた。

　ただ，補修工事関連損失引当金の見積りについて，その内容を世間に
公表できないような特段の事情も見当たらなかったため，**図表2-8**の
ように実態をありのままに記載することとした（下線部分）。仮に記載
内容が貧相になってしまうと，監査報告書上のKAM（監査上の重要な
検討事項）との間に齟齬が生じてしまうという事情もあった。

　当初は開示内容を巡って監査法人との間で議論が白熱するといったよ
うな展開も想定されたが，当社が提示した注記内容は，ほぼ原案どおり
監査法人によって認められることとなった。

【図表2-8】重要な会計上の見積り

（重要な会計上の見積り）
　1．補修工事関連損失引当金
　　⑴　当連結会計年度の連結財務諸表に計上した金額

（単位：百万円）

	当連結会計年度
補修工事関連損失引当金（流動負債）	3,777
補修工事関連損失引当金（固定負債）	29,732
合計	33,509

（2） 識別した項目に係る重要な会計上の見積りの内容に関する情報

当社は，2018年4月に公表した小屋裏界壁施工不備のほか，同年5月，2019年2月，同年5月に公表した施工不備に関し，施工不備対策本部を設置して全棟調査を進め，不備が確認された物件については，法的仕様に適合させるための補修工事を順次実施しております。

当社施工物件（アパート）の施工不備に係る補修工事費用及び付帯費用の発生に備えるため，不備の発生率等に基づく損失負担見込額を補修工事関連損失引当金として計上しております。なお，現時点で認識している全ての重要な不備を引当対象としており，今後，追加の引当が必要となる重要な不備はないものと考えております。

具体的な算定方法は以下のとおりです。

a．補修工事費用

不備の種類に応じた補修方法ごとに，全棟調査による不備の発生率に基づき不備戸数を見積り，これに実績単価ないし見積単価を乗じて算定しております。

b．借上費用（他社管理物件の空室補償費用）

他社管理物件ごとに想定される借上期間に，家賃等の実績値を乗じて算定しております。

c．調査費用

未調査の物件及び補修工事の完了確認が必要な物件に，一級建築士への調査委託費用の実績単価を乗じて計算しております。

d．住替等費用

主に他社管理物件について住替等必要と見積られる戸数に住替費用等の実績単価を乗じて算定しております。

補修工事費用及び付帯費用については，従来の当社建築部門で算定し

> た見積り単価を用いた算定から外部業者により提示された見積り単価による算定への変更のほか，外部業者への一括発注や工法の変更，外注していた工事の一部内製化による見積り単価の変動，工事スケジュールの見直しによる影響等を考慮し，より合理的かつ精度の高い見積り金額の算定に努めております。
>
> 　これらの見積りの前提とした条件や仮定に変更が生じた場合，翌連結会計年度の連結財務諸表において，引当金の計上金額が変動する可能性があります。

（2021年3月期，下線は筆者）

　確かに補修工事単価の見積りは一定の不確実性を伴うとはいえ，高度な経営判断を要したかといえば，他の見積項目と比べても，さほど困難を伴うものではなかった。ただ，見積りの要素は特段大きくはないものの，とにかく金額が大きく，また，不確実な側面も否定できなかったので，会計上の重要な見積りと扱わざるをえなかったために注記が行われたのである。

(6)　KAM

　前述②(3)「監査上の主要な検討事項（KAM）」（31頁）に記載のとおり，当年度の財務諸表監査において，監査人が特に重要であると判断した事項については，監査報告書において主要な検討事項の内容，主要な検討事項に決定した理由，および主要な検討事項に対する監査上の対応などがKAMとして記載される。

　このうち，「主要な検討事項の内容」については，有価証券報告書の記載内容がそのまま監査報告書に反映されるため，一般的に新たな事項が記載されることは少ない。

　また，「検討事項に対する監査上の対応」については，専門用語が用いられており，監査法人以外の者がその内容を理解したり，監査の十分

42

性を判断することは難しいかもしれない。

　この点,「主要な検討事項に決定した理由」については,会計上の見積りに際して,会社を取り巻く状況を踏まえつつ監査人自らの判断に基づいた記載が行われるため,財務諸表の利用者にとって,より有用な記載と考えられる。

　一方,会社の立場からは,企業情報がいたずらに開示されることは回避したいという心理が働くため,どこまで開示するのかについては,財務諸表の利用者の立場に立つ監査法人との綱引きとなる。

　当社の場合においても,前述した**図表2-5**の下線を付した箇所において,主要な検討事項に決定した理由が具体的に記載されることとなったが,監査法人内での議論の有無はともかく,当社と監査法人との間に特段の議論の応酬が行われることはなかった。

【図表2-9】会計実務上の検討事項

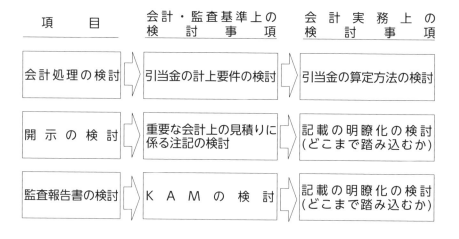

4 監査法人との協議

　補修工事関連損失引当金は基本的に「数量×単価」で表現され，前述のように，引当額の計算方法自体にテクニカルな難しさは認められなかった。事実，引当金の計算当初から計算方法の大枠は変更しておらず，監査法人も細部における議論はともかく，計算方法そのものに対して特に注文を付けることはなかった。

　やはり，議論の対象は補修工事単価であった。特に，資金繰りの悪化から補修工事もままならず，工事実績が少ない状況下において，補修工事単価の妥当性を検証するための実績単価が十分に積み上がらないことが，監査法人をやきもきさせたようである。補修工事の延期により，補修工事単価に係る見積要素がなかなか確定せず，傾向値として腹落ちするような補修工事単価が実績として得られなかったのである。

　さらに，2021年3月期の期末決算においては，以下の3つの事象の発生により補修工事単価が引き下げられ，結果，補修工事関連損失引当金の残高は第3四半期の498億円から335億円と大幅な減額となったため（**図表2-4**参照），監査法人も従前にもまして慎重に対応してくることになった。

　なお，これら一連の単価引下げに際し監査法人がこだわったのは，単価の引下げが「なぜ今なのか」という点であった。「従前から明らかになっていたのではないか。そうならば，その時に引当額を引き下げるべきではなかったのか」といった疑問が当社に投げかけられた。監査法人は遡及処理の可能性を危惧していたのである。

　まったくの私見であるが，同一事業年度内であれば，変更時期が特に明瞭でないような場合，例えば第3四半期と第4四半期とをまたぐようなケースであれば，どちらで処理しても大勢に影響はない（四半期決算

は年度決算の方向性を示すための決算であり，いずれの四半期で処理されようとも，財務諸表の読者に大した迷惑は掛けない）とも考えられる。だが，そこは監査法人から厳格な対応を求められたのである。

　補修工事単価の引下げが第4四半期の事象であることを立証するため，業者からの見積書や請求書などといった各種証憑類の提出や担当者への質問が，監査終了間際まで続くこととなった。

(1)　一括発注

　一連の施工不備について，特定の商品シリーズにおいて同一の施工不備が発生していた。このため，同一の不備に係る補修工事はある程度まとまった工事量となるが，従前は個別物件ごとに業者へ発注依頼を掛けていたため，同一業者への一括発注が検討された。

　幸いにも，監査期間中に，信頼に足る複数の大手・中堅の業者から見積書を入手することができ，補修工事単価の大幅な引下げに至ったのである。

　引下額が多額に上ったため，監査法人により認められるどうか一抹の不安もあったが，やはり第三者からの見積書という客観的な証憑類の存在により，引下げについては特段の異論も出ることはなかった。

(2)　工法変更

　当初に想定されたものとは別個の工法（補修方法）が考案された結果，補修工事単価が引き下げられたケースもあった。例えば，壁を剥がして施工不備を補修する方法から，壁を剥がさずに増貼りなどで補修する方法が考え出されたため，補修工事単価が大幅に引き下げられ，補修工事関連損失引当金が減少した。

　ただし，監査法人にとって工法の変更は専門的な話であり，事前の監査手続としては担当者への質問や関連資料の閲覧などによるしかないた

め，より多くの証憑書類との突合せなど，事後的に実績補修単価の検証
が厳格に行われることとなった。

(3)　内製化

　補修工事費用の大半は人件費である。補修工事業者の日当が 2 万5,000
円として，1 部屋当たり，のべ 8 日間の工事が必要だとすると，人件費
だけで20万円も掛かってしまうことになる。

　一方，材料費は石膏ボードや接着剤など，金額的には比較的安価なも
のである。

　施工不備には専門業者でなければ補修工事が難しい物件がある一方，
多くの物件は従業員による補修が可能であった。従業員は一定の研修を
受けさえすれば補修工事のノウハウを身につけることできたのである。

　この場合，補修工事のための追加的な人件費は発生せず，少額の材料
費のみが発生する。いわば，補修工事の内製化によって，補修単価の引
下げが図られたのである。

　監査法人としても，内製化に必要な人員が確保されれば，特段異議を
挟む余地はなく，事後的な監査手続として実際の内製化率が検証される
こととなった。

【図表 2-10】監査法人との協議

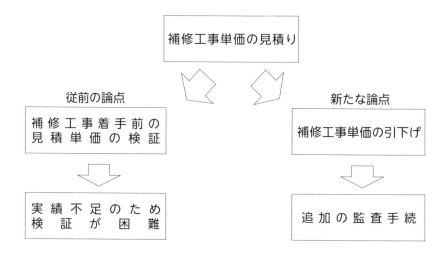

5　振り返り

(1)　見積りに係る検証の困難性

　補修工事関連損失引当金に係るキーワードは「見積り」であろう。

　引当金の算定手続においては，その見積額に係る妥当性の検証が難しく，とりわけ，実際に補修工事が行われる前までは，補修工事単価に係る妥当性の検証は困難なものとなる。見積項目に係る事前の検証手段としては，引当金の計算方法の確認や取締役会などで適切に承認されているかなどの手続に限定されてしまうのである。

　事後において実績値が判明するまでの，いわば「産みの苦しみ」であり，しかも，施工不備の物件数が多数あり，引当額が巨額に上ったため，補修工事関連損失引当金はリスクの高い勘定項目となった。

　監査法人としても，実績値が出るまでは，会社に「泳がせておく」と

いった心境であろうか。

　しかしながら，ひとたび実績値が出ると，それが信頼性のある数値であれば，見積値の妥当性の十分な検証が可能となってくる。

　やはり，見積項目は事後の検証を待たなければ，確からしさが得られないという点でハイリスクな項目である。

(2)　会計処理から開示のステージへ

　「見積り」は難しい。だからこそ，積極的な開示，すなわち重要な会計上の見積りの注記が行われるのである。「人の見積りには限界があるから，十分にその内容を開示することによって，財務諸表の読者にリスクが高い項目であるという警告（シグナル）を発信する」という論法である。

　一方，当社においては2021年3月期決算を迎え，計算方法や補修工事単価の見積りについて今後，大幅に変更するようなことは，もはやありえないと考えられた。いわば，リスクはすでに高いものとはいえないものの，絶対額が大きいだけに，さらなる補修単価の引下げの可能性を含めて，相応のリスクは残っていたといえる。

　2021年3月期決算においてほぼほぼ金額が固まり，あとはその推移を粛々と開示していくというような段階に入ったと考えられたのである。

第3章

偶発債務

1 背　景

　第２章「補修工事関連損失引当金」で説明したように，新たな施工不備が次々に発覚するに従い，施工不備問題が決して収束することなく，果てしなく広がっていくような様相を呈していた。どこに新たな施工不備という地雷が埋まっているか，あるいはもう埋まっていないのか，皆目見当がつかなかった。

　全棟調査を進めていく中で，商品シリーズとしての新たな施工不備はようやく出尽くしたかもしれないとの共通認識が社内で醸成されたのは，2021年を迎えた頃ではないだろうか。

　施工不備問題に係る最初のリリースが2018年４月であるから，３年余りの歳月を要することとなったのである。

2 会計基準

(1)　偶発債務と引当金

　偶発債務とは，債務の保証（債務の保証と同様の効果を有するものを含む），係争事件に係る賠償義務その他現実に発生していない債務で，将来において事業の負担となる可能性のあるものをいい，その内容・金額を注記しなければならない（財務諸表等規則第58条）。

　具体的には，第２章②(1)「引当金」（29頁）で記載した引当金の定義のうち，「①将来の特定の費用又は損失であって，②その発生が当期以前の事象に起因し，③発生の可能性が高く」までの要件は引当金と同様であるが，「④その金額を合理的に見積る」ことができない場合には，引当金ではなく偶発債務に該当することになる。

　換言すれば，引当金として具体的な金額を計上できないものの，次々
と新たな施工不備が発覚するような状況において，さらなる施工不備が
発覚するおそれがあるため，これを偶発債務として注記することにより，
将来の業績負担への可能性について財務諸表の読者に注意を促すもので
ある。ありていにいえば，引当金として計上できないような施工不備は
偶発債務注記でカバーしようとするものである。

　さらに付け加えるならば，現状公表している施工不備に係る補修工事
について，未だ工事実績がなく社内の見積りによっている場合や工事実
績の規模が不十分な場合など，物件当たりの補修工事単価が今後跳ね上
がってしまうような可能性も否定できなかった。

　今後，新たに発覚するかもしれない施工不備に対する注意喚起が偶発
債務注記の主たる記載目的ではあるが，すでに発覚した施工不備に関し
ても注意を促すために，注記を付しておく必要が認められたのである。

【図表3−1】偶発債務と引当金の関係

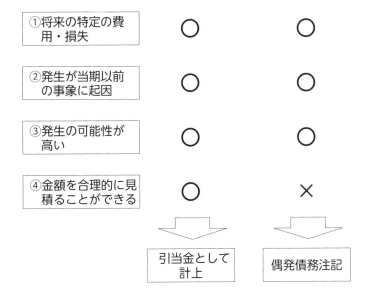

3 会計実務

(1) 2018年3月期・有価証券報告書上の偶発債務注記

　当社は2018年3月期決算において，施工不備問題についての偶発債務
注記を初めて付すこととなった。

【図表3-2】偶発債務注記

5　偶発債務
　(1)　当社が平成6年から平成7年にかけて施工した集合住宅「ゴール
　　　ドネイル」及び「ニューゴールドネイル」シリーズ（以下「対象物
　　　件」という）において，確認通知図書と実際の施工内容に一部相違
　　　があったため，すべての対象物件の調査を実施し，確認通知図書と
　　　相違があった物件については，施工者としての責任に鑑み，補修工
　　　事を実施していく旨を平成30年4月27日に公表いたしました。
　　　　今後につきましては，すみやかにオーナー様，入居者様との調整
　　　を図りながら対象物件の調査を進め，調査実施済み物件から順次補
　　　修工事を実施してまいります。
　　　　また，すべてのレオパレスシリーズの管理物件につきましても，
　　　通常の定期点検に加え，順次，確認作業を行い，適宜・適切に対応
　　　してまいります。
　(2)　当社が平成8年から平成21年にかけて施工した物件の一部におい
　　　て，建築基準法違反の疑いのある物件が平成30年5月下旬に発見さ
　　　れたため，引き続き全棟調査を進め，補修工事を実施していく旨を
　　　平成30年5月29日に公表いたしました。
　　　　今後につきましては，当社施工物件（アパート）総数37,861棟に
　　　ついて，順次調査を進め，調査により問題が確認された物件につい
　　　ては，順次補修工事を実施してまいります。
　　　　上記(1)(2)に起因した補修工事費用等の発生により，当社グループ

　の連結業績に影響が生じる可能性がありますが，個々の物件についての調査に着手したばかりであり，現時点ではその影響額を合理的に見積もることは困難であります。

出典：2018年3月期　有価証券報告書

(2)　2020年12月期・四半期報告書上の偶発債務注記

　施工不備が発覚した当初は簡潔な記載に留まっていたが，新たな施工不備が発覚するに伴い，四半期ごとに新たな施工不備が追加され，その記載内容がアップデートされた結果，徐々に記載量が多くなっていった。最終的には，有価証券報告書（四半期報告書）の1ページ近くを占めるまでになってしまった。

【図表3-3】偶発債務注記

　3　偶発債務
　当社が1994年から1995年にかけて施工した集合住宅2商品「ゴールドネイル，ニューゴールドネイル」（以下「ネイルシリーズ」という。）において，確認通知図書と実際の施工内容に一部相違があったため，全ての対象物件の調査を実施し，確認通知図書と相違があった物件については，施工者としての責任に鑑み，補修工事を実施していく旨を2018年4月27日に公表いたしました。
　また，当社が1996年から2009年にかけて施工した集合住宅6商品「ゴールドレジデンス，ニューシルバーレジデンス，ニューゴールドレジデンス，スペシャルスチールレジデンス，ベタースチールレジデンス，コングラツィア」（以下「6シリーズ」という。）の一部において，建築基準法違反の疑いのある物件が発見されたため，当社が施工した全ての物件を調査し，補修工事を実施していく旨を2018年5月29日に公表いたしました。
　上記の優先調査対象物件である「ネイルシリーズ」及び「6シリー

ズ」以外のシリーズについては，不十分な施工監理等により対象物件の一部に不備があったことが確認されております。

　その後，全棟調査の過程で，1996年から2001年にかけて施工した集合住宅3商品「ゴールドレジデンス，ニューゴールドレジデンス，ヴィラアルタ」の一部において，界壁及び外壁の施工部材として設計図書で記載されたグラスウールではなく，発泡ウレタンが施工されているものがあること，また，「ゴールドレジデンス」の一部において，居室の床を構成する天井部の施工仕上げに不備があることが新たに確認されました。

　グラスウールではなく発泡ウレタンが施工された物件については，部材の製造リスト等に基づき対象範囲を特定しており，天井部の施工仕上げに不備がある物件については，設計図書の表記等に基づき対象範囲を特定しております。これらの不備が確認された物件は，国土交通省告示または国土交通大臣認定に定める仕様に適合しない仕様となっているため，国土交通省に報告を行うとともに，法定仕様に適合させるための補修工事を実施していく旨を2019年2月7日に公表いたしました。

　引き続き全棟調査を進める過程で，当社が施工した鉄骨造物件において，耐火構造の界壁とすることが求められているにもかかわらず，国土交通大臣認定に定める仕様に適合しない仕様となっている物件があることが確認されたため，国土交通省に報告を行うとともに，法定仕様に適合させるための補修工事を実施していく旨を2019年5月29日に公表いたしました。

　補修工事を確実に遂行するには，入居率の改善による経営の安定化を図ることが不可欠であるため，今後は，明らかな不備が判明している物件のうち，新規入居者募集を保留中の空室住戸を優先して2021年6月末までに6,000戸程度の補修工事を進め，2021年7月以降は入居者様の退去に合わせて明らかな不備が判明している住戸約21,000戸の補修工事を行うとともに，未調査の住戸約126,000戸の調査を進め，明らかな不備が判明次第，補修工事を行うことにより2024年末までに明らかな不備の解消を目指すことを2020年12月25日に公表いたしました。

　なお，2021年1月31日時点における補修工事の進捗は，明らかな不備等により補修工事が必要な13,624棟・195,479戸（入居中等の理由による未調査の住戸を含む。）のうち，工事完了は42,758戸となっております。

　これらの事象により，当社施工物件の不備に係る補修工事費用及び付帯費用（他社管理物件の空室補償費用，入居者様の住替費用，外部調査費用）の発生に備えるため，補修方法や補修単価，入居者様の住替えの必要性やその方法など，不備内容により異なる条件に応じて，その金額を合理的に見積り，当第3四半期連結会計期間末において，補修工事関連損失引当金を計上しております。

　ただし，補修工事は進行中であることから，今後，補修工事関連損失引当金算定に係る前提条件に変更が生じた場合には，発生する補修工事費用及び付帯費用等の金額が既引当額を超過する可能性があります。

　したがって，第4四半期連結会計期間以降の補修工事の進捗状況等によっては，追加で補修工事関連損失引当金を計上すること等により，当社グループの連結業績に影響が生じる可能性があります。

出典：2020年12月　第3四半期報告書

4　監査法人との協議

　2021年3月期の有価証券報告書においても，当初は偶発債務の注記を記載する予定であった。1「背景」（50頁）に記載のとおり，商品シリーズとしての新たな施工不備はようやく出尽くしたとの共通認識が社内で醸成されつつあったとはいえ，直近の第3四半期決算と期末決算とでは，施工不備を巡る状況は特段変わっていなかったからである。

　一方，第2章2(2)「重要な会計上の見積り」（30頁）に記載したように，2021年3月期決算から重要な会計上の見積りについての注記が新たに必要となった（企業会計基準第31号「会計上の見積りの開示に関する会計基準」）。期末決算を迎えるにあたって，この注記の内容を推敲していた際に，補修工事関連損失引当金に関する見積りの注記については，断定口調というか，言い切り型の記載が多くなっているのに気付いた。すなわち，補修工事に係る費用項目については，すべて前述したような

計算式によって説明しきることができたため（第2章③(2)「具体的な計算方法」（35頁）参照），ここにきて，確かに補修工事単価などの見積りについて，いまだ一定の不確定要素は排除できないものの，新たな施工不備の発生の可能性は消滅しているとの確信を得るに至ったのである。

　もはや，補修工事関連損失引当金に係る見積りの注記を記載しつつ，併せて偶発債務の注記を記載するなどといった必要性はなくなったのである。

　偶発債務の注記は不要という確信を持つに至ったため，これを監査法人に打診したところ，監査法人内での議論の有無はともかく，少なくとも当社との間では，さしたる議論もなく受け入れられた。

　KAM（監査上の主要な検討事項）として最も監査法人が注意を払うべき事項である補修工事関連損失引当金に係る事項であり，特に保守的な監査法人によって，よもや特段の議論もなくあっさりと受け入れられるなどとは思いもよらなかったというのが正直なところだ。しかし，傷み切った会社の財務諸表が少しずつ治癒されるのは間違いのないところで，ある意味「底打ち」という感触を得て，会計人として安堵と嬉しさの気持ちが交錯したのは今でも忘れることはできない。

　多くの見積項目は，期の途中（四半期決算）で記載内容を変更するケースは少ない。例えば，税効果会計上の会社区分を変更するとか，GC注記を外したりとかは通常，期末決算において行われ，四半期決算では期首の記載内容が踏襲される。その意味でも，2021年3月期決算が偶発債務の注記を外す最良の時期であったといえるかもしれない。

【図表3-4】重要な会計上の見積りと偶発債務の注記

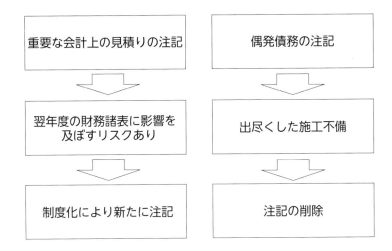

5　振り返り

　偶発債務の注記がなくなって安堵したと述べたが，まさしく偽らざる心境であり，その記載があるかないかが肝要なのである。

　偶発債務の注記は将来の業績予測が困難であるから記載するのであるが，合理的に見積ることのできる金額の記載がないため，その内容はどうしても曖昧な表現となってしまう。

　偶発債務の注記について誤解を恐れずいえば，とにかく，まずは「書けばよい」のである。確定的な内容は不明であるため，取り急ぎ注意を喚起し，その後は時々刻々と変わる状況について適時適切に記載していくことが重要なのである。

　時の経過に着目すると，偶発債務と引当金との相違は金額の合理的見積りの可否にあると述べたが，そもそも両者にそれほど決定的な差異はないともいえる。もちろん，企業会計は期間で区切ることが大前提だか

58

ら，両者は明確に区別されるべきではあるが，偶発債務も時間が経てば，金額の合理的な見積りが可能になるのである。偶発債務が時間の経過とともに，引当金として計上されるかもしれないし，引当不要になるかもしれない。

引当金と未払金との関係も同様である。両者は債務として確定しているかどうかで相違しているのだが，引当金も時間が経てば，未払金として計上されるかもしれないし，計上不要になるかもしれない。

会計とは離れていささか抒情的な話で恐縮であるが，いずれにしても，「時間が解決する」のである。会計期間で区切るため，厳密に期間帰属は検討されなければならないという純会計理論的な話はさておき，「時間が解決する」ということを，この偶発債務の注記を通じて肌感覚で実感することができたというのが，実務家としての正直な感想である。

【図表3-5】時の経過で推移

第4章
空室損失引当金

1 背　景

⑴　アパートの一括借上げ

　当社は，賃貸事業における一括借上契約による空室損失の発生に備えるため，個別賃貸物件ごとの借上家賃や将来予測される入居率に基づき，合理的な見積可能期間内に発生が見込まれる損失の額を空室損失引当金として計上している（2021年3月期有価証券報告書における連結財務諸表の注記事項「重要な引当金の計上基準」）。

　「一括借上契約」とは，アパートのオーナーからアパート1棟ごと借り入れる賃貸借契約をいい，入居のいかんにかかわらずオーナーに家賃を支払うため，空室が発生し逆ザヤが生じた場合，当社に損失が生じることになる。

　そこで，**図表4-1**のように，個々のアパートごとの借上家賃や入居率に応じて，空室に係る将来の損失額を見積り，引当金として計上するのである。

【図表4‒1】空室損失引当金の考え方

　アパート1棟（10部屋）をオーナーから借り上げ，10部屋のうち8部屋が入居（2部屋が空室）の場合。

　オーナーへの支払家賃（管理原価を含む）は月当たり1部屋5万円，入居者からの受取家賃は月当たり1部屋6万円，借上契約書上の残月数は3か月とすると，6万円の空室損失引当金の計上が必要となる。

	月当たりの収支差額	借上契約書上の残月数	空室損失引当金
収　入	480,000円 （8部屋×60,000円）		
支　出	500,000円 （10部屋×50,000円）		
収支差額	20,000円 （損失）	× 3か月	＝ 60,000円

(2)　施工不備問題の発覚

　2018年に発覚した一連の施工不備問題により，著しく空室が増加（入居率が低下）した。従前においては実質満室に近いといわれる95％近くあった期末入居率が，80％近くまで落ち込んだのである。

　果たしてどこまで落ち込むのか，想像もつかなかった。

62

【図表4-2】入居率の推移

（単位：%）

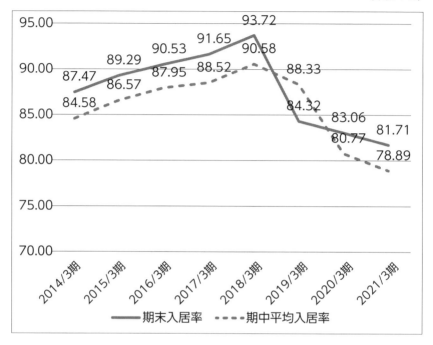

(3) 急増する引当額

　募集止めによる入居率の急激な低下に伴い，空室損失引当金も著しく増加し，従前の30億円程度から一時期は最大200億円近い引当額となった。

　施工不備問題発覚前の税引前利益は200億円程度であったから，その利益が丸ごと吹き飛んでしまうほどの金額規模である。

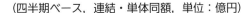

【図表 4-3】 空室損失引当金の推移

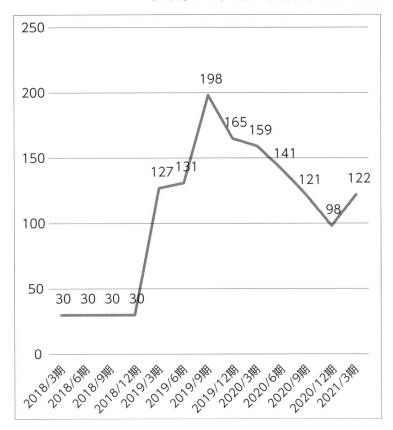

(4)　空室損失引当金の見直し

　空室損失引当金が損益を圧迫するようになるにつれて，そもそも空室損失引当金を計上する必要があるのかという議論が社内で持ち上がった。

　空室損失引当金は，いわゆるリーマンショックを契機に金融資本市場全体が危機に瀕し，わが国経済も大きな打撃を受け，当社の入居率も大幅に低下した際に，監査法人と協議のうえ計上されたという経緯がある。

しかしながら，あまり他社事例もみられず，同業他社においても同様の引当金を計上している会社も極めて限定的であった。

　ここにおいて，引当金計上の是非について，わが国の会計理論や会計実務に照らし合わせて，あらためて検討すべきであるとの見解に至った。

2　会計基準

(1)　引当金

　第2章「補修工事関連損失引当金」で述べたように，会計基準上，引当金については以下のように定められている（番号，下線は筆者）。

　「①将来の特定の費用又は損失であって，②その発生が当期以前の事象に起因し，③発生の可能性が高く，かつ，④その金額を合理的に見積ることができる場合には，当期の負担に属する金額を当期の費用又は損失として引当金に繰入れ，当該引当金の残高を貸借対照表の負債の部又は資産の部に記載するものとする。」（企業会計原則注解18）

　これら引当金の4要件のうち，補修工事関連損失引当金の場合は，④の金額の合理的な見積りが重要な検討課題となったが，空室損失引当金については，①の将来の特定の費用・損失であるかどうかが議論の対象となった。将来の費用・損失であれば，これらすべてを引当計上することが会計理論上，あるいは会計実務上，適切なのかという議論である。

　どのような企業であれ，将来の費用・損失の発生は避けられない。これら将来費用・損失のすべてについて，引当金の要件を充足さえすれば，引当計上することが果たして適正な会計処理といえるのかという点について，あらためて見直されることになったのである。

⑵　重要な会計上の見積り

　第2章②(2)「重要な会計上の見積り」（30頁）で述べたように，2021
年3月期決算から重要な会計上の見積りについての注記が必要となった
（企業会計基準第31号「会計上の見積りの開示に関する会計基準」）。具
体的には，財務諸表に計上した金額が会計上の見積りによるもののうち，
翌年度の財務諸表に影響を及ぼすリスクがある項目における会計上の見
積りの内容について，会計上の見積りの内容を表す項目名，当年度の財
務諸表に計上した金額，その他の情報を注記する。

　空室損失引当金についても，翌年度の財務諸表に影響を及ぼすリスク
がある項目と認められ，必要な注記が記載された（具体的な記載内容に
ついては後述③(2)「重要な会計上の見積り」（68頁）参照）。

⑶　監査上の主要な検討事項（KAM：Key Audit Matters）

　空室損失引当金の計上は，見積りの不確実性が高いと識別された会計
上の見積りを含む，経営者の重要な判断を伴ううえ，引当額は122億円
に上り金額的重要性も認められた。そのため，補修工事関連損失引当金
などと合わせて，新たに導入されたKAM（監査上の主要な検討事項）
として，当社の監査報告書に記載されることとなった。

　具体的には，**図表4-4**のように，主要な検討事項の内容，主要な検
討事項に決定した理由，主要な検討事項に対する監査上の対応の順で
KAMが記載された（後述③(3)「KAM」（70頁）参照）。

【図表4-4】会社における空室損失引当金に関するKAMの記載

空室損失引当金	
監査上の主要な検討事項の内容及び決定理由	監査上の対応
2021年3月31日現在，連結貸借対照表における空室損失引当金の残高は12,262百万円である。また，これに関連する重要な仮定は，【注記事項】（重要な会計上の見積り）2.に記載されている。 　会社は，施工，引渡した集合住宅を賃借（一括借上）のうえ，一般入居者に転貸している。このため会社は，一括借上契約による空室損失の発生に備えるため，個別賃貸物件ごとの借上家賃及び将来予測入居率に基づき，合理的な見積可能期間内に発生が見込まれる損失の額を空室損失引当金として計上している。 　空室損失引当金は，個別賃貸物件ごとの家賃収入とその他付帯収入の合計に将来予測入居率を乗じた総収入と，一括借上家賃と管理原価を合計した総支出とを比較し，総支出が総収入を上回る物件に係るマイナスの収支差額に借上契約の残存月数を乗じて算定される。 　将来予測入居率は，物件の周辺状況や需要等を踏まえて一次的に見積もった後，補修工事による入居者募集停止等の影響を考慮し，二次的に補正計算を行って算定される。	当監査法人は，空室損失引当金の見積りについて検討するに当たり，主として以下の監査手続を実施した。 ● 空室損失引当金計上に関連するプロセスについて，主として以下の内部統制の整備及び運用状況を評価した。これらには，経営者等による査閲及び承認プロセスの検討が含まれる。 ・募集家賃の決定及び変更 ・将来予測入居率の見積り ・一括借上家賃の登録 ● 賃料収入の見積計算に用いられた家賃について，会社の業務管理システムに保存されている期末日現在の募集家賃金額と照合した。 ● 入居率の見積りの前提を経営者等に質問するとともに，利用可能な外部情報が存在する場合，当該情報と整合していることを確かめた。 ● 将来予測入居率の月次推移について，過去趨勢との比較分析を行った。また，過年度において見積もった入居率とその後の実績とを比較し，見積りの精度を評価した。

　また，一括借上家賃については，期末日現在の契約に基づく家賃に，残存契約期間内における家賃適正化の見込額を反映して算定されている。

　一括借上家賃の適正化見込み並びに入居率及び賃料収入の見積りについては，経営者の重要な判断を伴い，また不確実性を伴うため，当監査法人は当該事項を監査上の主要な検討事項であると判断した。

● 　残存契約期間内における一括借上家賃の適正化見込みに関し，経営者等に対し，その進捗予測，合意見込件数及び適正化見込額について質問し，実行可能性を評価した。

● 　家賃適正化見込額について，見積り手法を検証するとともに，2021年4月末までの合意状況を把握し見積りとの整合性を確かめた。

● 　将来予測入居率の補正計算の妥当性を評価するため，期末日後に入居者募集停止が解除される戸数に関して，補修工事スケジュールとの整合性を確かめた。

● 　補正後の将来予測入居率及び空室損失引当金額について，再計算を実施した。

（2021年3月期，下線は筆者）

【図表4-5】会計・監査基準上の検討事項

項　　　　目		会計・監査基準上の検討事項
会 計 処 理 の 検 討	⇒	引当金の計上要件の検討
開 　示 　の 　検 　討	⇒	重要な会計上の見積りについての注記の検討
監 査 報 告 書 の 検 討	⇒	Ｋ Ａ Ｍ の 検 討

3 会計実務

(1) 空室損失引当金の見直し

　前述①(4)「空室損失引当金の見直し」(63頁), ②(1)「引当金」(64頁)で述べたように, 空室損失引当金に係る最大の議論は, そもそも引当金として計上すべきかという点である。

　確かに, 引当金の要件は形式的には充足されているものの, 必ずしも会計慣行に沿うものではないという疑念が生じる。空室損失引当金は前述のとおり, オーナーへの支払額などが入居者からの入金額を上回ってしまうことによる損失であり, 引当金の増減額は売上原価として計上される。このような将来の粗利に係る損失 (売上総損失), すなわち本業たる事業に係る損失についてまで引当計上すべきかという疑念である。

　わが国の会計慣行は, 一般的には将来の粗利に係る損失までは引当ての対象としてはいないと考えられ, このような立場に立てば引当不要となる。

　例えば, 航空会社において, 将来的に特定の路線で減便が予想されるからといって, 減便に相当する空席部分に引当金を計上することが果たして会計慣行といえるかということである。事実, 「空席損失引当金」などといったような引当てを行っている事例は聞いたことがない。

　将来の粗利に係る損失の引当計上の是非という観点からは, 引当不要という結論もありうるが, この点はまさしく論理の綱引きであるため, 後述④「監査法人との協議」(71頁) に譲ることとする。

(2) 重要な会計上の見積り

　前述の第2章③(5)「重要な会計上の見積り」(39頁) と同様に, 重要

な会計上の見積りに係る注記として有価証券報告書に記載するにあたり，どこまで踏み込んで記載するかが，開示上の重要な検討課題となった。

　ただ，引当金の見積りについて，その内容を世間に公表できないような特段の事情も見当たらなかったため，**図表4-6**のように実態をありのままに記載することとした。

　仮に記載内容が貧弱になってしまうと，監査報告書上のKAM（監査上の重要な検討事項）との間に齟齬が生じてしまうという事情も，補修工事関連損失引当金と同様である。

　当初は監査法人との相当程度の議論も想定されたが，会社が記載した注記内容は，ほぼ原案どおり監査法人によって認められることとなった。

【図表4-6】重要な会計上の見積りの注記（2021年3月期）

（重要な会計上の見積り）
2．空室損失引当金
　（1）当連結会計年度の連結財務諸表に計上した金額

（単位：百万円）

	当連結会計年度
空室損失引当金（流動負債）	9,301
空室損失引当金（固定負債）	2,960
合計	12,262

　（2）識別した項目に係る重要な会計上の見積りの内容に関する情報
　　　　賃貸事業における一括借上契約による空室損失の発生に備えるため，個別賃貸物件ごとの借上家賃及び将来予測入居率に基づき，合理的な見積可能期間内に発生が見込まれる損失の額を空室損失引当金として計上しております。
　　　　具体的な算定方法としては，個別賃貸物件ごとの家賃収入とその他付帯収入の合計に将来予測入居率を乗じた総収入と，借上家賃と管理原価の合計である総支出とを比較し，総支出が総収入を上回る

70

　物件に係るマイナスの収支差額に借上契約の残存月数を乗じて計算しております。

　一括借上家賃については，期末日現在の契約に基づく家賃に，残存契約期間内における家賃適正化の影響を反映させて算定しております。

　将来予測入居率については，物件の周辺状況や需要，新型コロナウイルス感染症拡大による影響等を踏まえて一次的に見積もった後，補修工事による入居者募集停止等の影響を考慮し，二次的に補正計算を行って算定しております。

　これらの見積りの前提とした条件や仮定に変更が生じた場合，翌連結会計年度の連結財務諸表において，引当金の計上金額が変動する可能性があります。

(3)　KAM

　前述②(3)「監査上の主要な検討事項（KAM）」（65頁）に記載のとおり，監査報告書において主要な検討事項の内容，主要な検討事項に決定した理由，および主要な検討事項に対する監査上の対応がKAMとして記載される。

　第2章③(6)「KAM」（41頁）と同様，これらの記載事項のうち，「主要な検討事項に決定した理由」については，会計上の見積りに際して，会社を取り巻く状況を踏まえつつ監査人自らの判断に基づいた記載が行われるため，財務諸表の利用者にとって，より有用な記載と考えられる。

　一方，会社の立場からは，企業情報がいたずらに開示されることは回避したいという心理が働くため，どこまで開示するのかについては，財務諸表の利用者の立場に立つ監査法人との綱引きとなる。

　当社の場合においては，財務諸表の利用者のニーズに沿うべく，前述の**図表4-4**（67頁）の下線を付した箇所において，会社の現況が具体的に記載されることとなった。

【図表4-7】会計実務上の検討事項

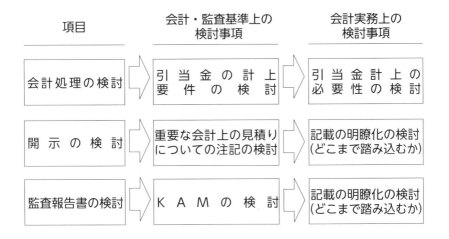

4　監査法人との協議

前述③(1)「空室損失引当金の見直し」（68頁）に記載のとおり，あくまで筆者の個人的見解ではあるが，わが国の会計慣行に従えば，将来の売上に係る損失を前倒しで計上することについては，やはり違和感が残る。会社の将来に係るあらゆる費用・損失を会計上でカバーしようとするのは，少々無理があるように思われるのである。

(1)　監査法人の判断

空室損失引当金について監査法人との議論の際に，日本公認会計士協会が公表した**図表4-8**の研究資料が監査法人から提示された。これによると，契約上，解約不能期間が定められた転貸に係る損失についての引当計上は妥当な会計処理とされている。

なるほど，空室損失引当金も，この転貸損失引当金のケースと同様の

理論構成により引当計上が求められるかもしれない。

【図表4-8】 会計制度委員会研究資料第3号
「我が国の引当金に関する研究資料」（抜粋）

---

(3) 不利な契約に関連する引当金

【ケース10：転貸損失引当金】

(a) 具体的事例

　我が国では，小売業などで，賃借契約の解約不能期間に発生する損失に備えるため，支払義務のある賃借料総額（賃借契約解除に伴う違約金も含む。）から転貸による見積賃料収入総額を控除した金額を転貸損失引当金として計上している事例がある。

（検討のポイント）

● 転貸損失が見込まれる場合には，転貸損失に関連する引当金を認識することが適切か。

(b) 会計処理の考え方

　当期以前に締結した解約不能の賃借契約を原因とした転貸損失の発生する可能性が高く，その金額を合理的に見積もることができる場合には，引当金を認識することになると考えられる。

　例えば，解約不能期間が残っている賃借店舗を閉店する場合に，解約不能期間にわたって賃借料を下回る条件で転貸契約を締結したときなどにおいては，支払義務のある賃借料総額（賃借契約解除に伴う違約金も含む。）から転貸による見積賃料収入総額を控除した金額について，引当金を認識することになると考えられる。

（参考）IAS37に照らして

　IAS37では，不利な契約について引当金の計上が求められている（IAS37.66）。不利な契約とは，契約による債務を履行するための不可避的な費用（契約履行の費用と契約不履行により発生する補償又は違約金のいずれか低い方の額）が契約上の経済的便益の受取見込額を超過している契約（IAS37.10及び68）とされている。このため，過去に締結した解約不能の賃借契約が不利な契約に該当する場合には，転貸損失について引当金を認識することになると考えられる。

（下線は筆者）

　また，**図表4-9**のように，転貸損失引当金に係る他社事例も散見されるため，一見すると筋は通っているようにも考えられる。

　引当金の4要件を充足する限り，この研究資料に準拠して，また，他社事例も散見され，本件引当金の計上は適正なものと認められるという論法である。

【図表4-9】有価証券報告書他社事例（引当金の計上基準）

○株式会社マミーマート
第55期（自　2019年10月1日　至　2020年9月30日）
ハ　転貸損失引当金
　店舗転貸契約の残存期間に発生する損失に備えるため，支払義務のある賃料等総額から転貸による見込賃料収入総額を控除した金額を計上しております。

○工藤建設株式会社
第49期（自　2019年7月1日　至　2020年6月30日）
⑸　転貸損失引当金………………建物管理事業において，転貸差損が将来にわたり発生する可能性が高い転貸物件について翌事業年度以降の損失見込額を計上しております。

○株式会社安楽亭
第42期（自　2019年4月1日　至　2020年3月31日）
④　転貸損失引当金
　店舗転貸契約の残存期間に発生する損失に備えるため，支払義務のある賃料総額から転貸による見込賃料収入総額を控除した金額を計上しております。

○株式会社チヨダ
第73期（自　2019年3月1日　至　2020年2月29日）
ホ　転貸損失引当金

> 　店舗閉店に伴い賃貸借契約の残存期間に発生する損失に備えるため，閉店し転貸を決定した店舗等について，支払義務のある賃借料から転貸による賃貸料を控除した金額等その損失額を見積計上しております。
>
> ○エリアリンク株式会社
> 第25期（自　2019年1月1日　至　2019年12月31日）
> 転貸損失引当金
> 　マスターリースにおいて転貸差損が将来にわたり発生する可能性が高い転貸物件について，翌年度以降の損失見込額を計上しております。

(2)　当社の判断

　しかしながら，なお反論の余地が残っているとも考えられるのである。

　すなわち，わが国において将来の売上総損失を前倒し計上するような会計慣行はないというソモソモ論に加えて，不動産の一括借上げを事業として営む同業他社においての引当事例はほとんど見られないのである。

　不動産の一括借上げの場合，契約上，家賃保証が付され，上記の研究資料にいう不利な契約に該当するケースも多いものと考えられるが，それでもなお引当事例は少ない。上記の他社事例についても，例えば小売業における店舗転貸のように，会社の本業に係る引当金ではない場合が多く，本業における借上物件に係る空室損失引当金の計上がわが国の会計慣行として認められているとは考えにくい。

　したがって，転貸損失引当金の計上はともかく，空室損失引当金について，これを類似の引当金と取り扱うことはできないものと考えられる。

(3)　結　論

　一方で，会計上の判断は業種ごと，会社ごと，あるいは時代ごとに異なり，絶対的な会計処理などありえない。そのために，一度採用した会

計方針を継続適用すべきという実務上の要請もある。

　いわゆるリーマンショックを背景に，当社が大幅な赤字に備えるため計上が始まった引当金とはいえ，引当計上を継続適用することが期間比較性確保の観点から必要であり，結局，ここが落としどころであろう。

　ただし，そうであるならば，現時点において見直しを行うのではなく，例えば，将来的にIFRS（国際財務報告基準）第16号「リース」が適用された際にでも，あらためて空室損失引当金の計上の必要性を検討することも視野に入れるべきであろう。

【図表4-10】監査法人との協議

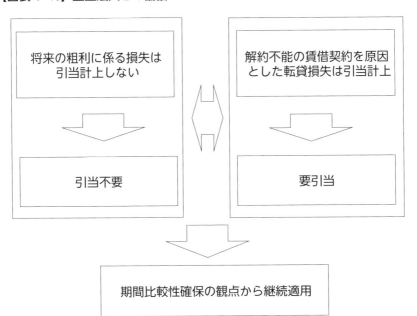

5 | 振り返り

　会計基準は会計慣行を基礎として設定されるため，会計慣行は会計実務を拘束することになる。ただし，何をもって会計慣行とするかについては，必ずしも明確ではない場合も多い。まさしく，空室損失引当金はこのグレーゾーンにあるものと考えられる。

　契約上，将来の損失が確定しているために引当金を計上することは確かに論理的であり，また，リーマンショック時の急激な入居率の低下により，大幅な赤字が予想されたため，何らかの会計的な手当てをせざるを得なかったという当時の会社の状況も理解はできる。

　一方で，本業に係る将来の損失を前倒しで計上することについて，どうしても違和感を禁じ得ないといういわば職業会計人としての素直な心情も理解していただければと思う。

　おそらく正解のない論点であろうし，IFRSのような新制度導入などの機会を見つけて，あらためて引当計上の是非を検討してみたいと考えている。

第5章

継続企業の前提に関する注記

1 背　景

⑴　キャッシュの流出

　2021年4月，会社は2021年3月期決算の大詰めを迎えていた。

　第3四半期において補修工事引当金の計上が500億円に迫り，連結純資産は24億円まで減少した。足元の業績も芳しくなく，売上が減少し，営業損失も下げ止まらない中で，施工不備の補修のための支出は増加していた。

　しかしながら，債務超過かどうかとか，業績はどうかといった財政状態や経営成績の話ではなく，まずはキャッシュの流出を防がないことには企業の存続そのものが危うくなってしまう。

　必然的に，監査法人による監査も会社の資金繰りに重点が置かれた。

　早急に業績が回復するような絵が描かれないことには，会社の継続性に疑問符のついた決算を開示しなければならなくなる事態に陥ったのである。

【図表5-1】現預金の推移

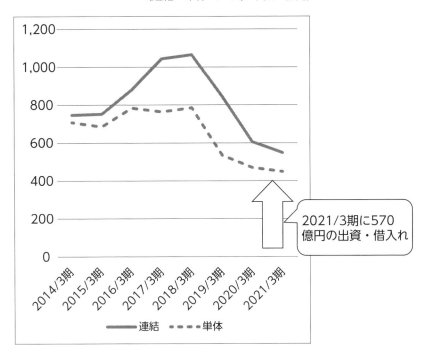

（連結・単体ベース，単位：億円）

2021/3期に570
億円の出資・借入れ

　図表5-1の現預金の推移からは，ファンドからの570億円余りもの出
資の受入れ・借入れ（連結ベース）に加えて，株式，不動産などの会社
財産が切り売りされたにもかかわらず，その減少に歯止めが効かないこ
とに，事の重大さが読み取れるであろう。
　それでは，なぜキャッシュの流出が止まらないかというと，主に以下
の4点が挙げられる。

①　入居率の伸び悩み

　とにかく，入居率が回復しないのである。
　前期（2020年3月期）は施工不備問題により，入居募集を止めている

物件も多数あり，部屋を十分に貸し出すことができない状況であったが，当期（2021年3月期）は募集再開により貸出可能な部屋数が増加したはずなのに，入居率が芳しくない。

　なぜか。

　コロナ禍が直撃したのである。泣きっ面に蜂とはまさにこのことであろう。

　当社の主たる事業として，従前，不動産の賃貸事業のほか賃貸アパートの建築請負との両輪で事業展開を行っていたが，アパート建築は施工不備問題のため新規の受注を停止しており，ほぼ賃貸事業に特化せざるを得なかった。

　しかしながら，補修工事が進むにつれて入居募集が再開され，ようやく施工不備問題が落ち着きを見せ始めている中で，新型コロナウイルス感染症が襲ったのである。このため，賃貸アパートの入居契約が一気に落ち込むとともに，解約も増加することとなった。

　一方，同業他社においては，その主要顧客はファミリー層が多く，コロナ禍による影響はさほど受けていない。実際，同業他社の入居率は95％程度と，コロナ禍であっても従前とほとんど変化が見られなかったのである。

　この点，当社は法人や個人の単身者を主要顧客として単身用アパートを全国展開している。このうち法人顧客については，採用・異動によるアパートの利用や宿泊を伴う研修活動のための利用などが軒並み延期ないし中止となった。さらに，学生は対面授業からリモート授業に移行し，また外国人は厳しい入国制限により，個人の単身者についても動きが鈍くなってしまった。

　特に，サービス業，飲食業，宿泊業など当社の上顧客である業種にとってコロナ禍の直撃は大きな痛手となった。当社の賃貸事業は，法人や個人向けの出張や研修用などに家具家電が備え付けられた部屋を貸し

出すという点ではホテル業に近いビジネスであり，ホテル業がコロナ禍の影響をまともに受けたのと同じように大きな打撃を被ったのである。

【図表5‒2】入居率の推移

（単位：％，図表4‒2参照）

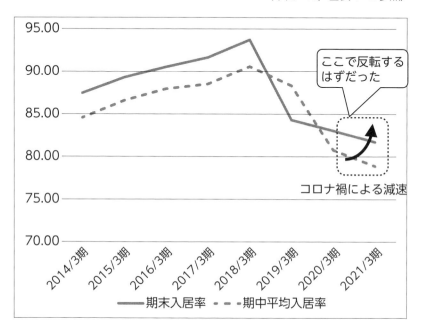

ここで反転するはずだった

コロナ禍による減速

―――期末入居率　‐‐‐‐期中平均入居率

②　借上家賃の据置き

当社の場合，アパートのオーナーに支払う家賃は２年ごとに更新されるが，施工不備問題の発覚を契機として，２年間家賃が据え置かれることとなった。

一般的に賃貸アパートは経年劣化により資産価値が減少し，大規模な修繕が行われない限り，家賃相場は年々低下することになる。したがって，アパートのオーナーに支払う借上家賃についても，その更新時期に

おいて近隣相場を参考に借上家賃の見直しが行われる。

　家賃据置きということは，それだけ借上家賃が高止まりすることであり，借上家賃の原価に占める割合が大きい当社のような賃貸事業にとって，業績に与える影響は甚大である。例えば，2021年3月期の有価証券報告書における「売上原価明細書」において，「賃借料」は2,808億円計上されており，実に賃貸事業売上高3,815億円の7割強を占めている。

　この場合，たとえ周辺相場の下落率がわずか1％だとしても，2年間も借上家賃が据置きになるとかなりの減益要因となるため，借上家賃の見直しはまさしく経営の根幹に関わる問題なのである。

【図表5‐3】賃貸事業売上高と賃貸事業売上原価（単体）

② 【損益計算書】

（単位：百万円）

	前事業年度 （自　2019年4月1日 至　2020年3月31日）	当事業年度 （自　2020年4月1日 至　2021年3月31日）
売上高		
賃貸事業売上高	400,561	381,547
その他の事業売上高	13,282	10,965
売上高合計	413,844	392,513

賃貸事業
売上高

賃貸事業
売上原価

【売上原価明細書】

(1) 賃貸事業売上原価明細書

区　分	前事業年度 （自　2019年4月1日 至　2020年3月31日）		当事業年度 （自　2020年4月1日 至　2021年3月31日）	
	金額（百万円）	構成比（%）	金額（百万円）	構成比（%）
賃貸料	287,151	75.6	280,861	77.1
減価償却費	332	0.1	121	0.0
営繕工事原価	5,943	1.6	3,426	0.9
ホームセキュリティシステム設置工事原価	415	0.1	113	0.0
通販・商品等売上原価	34	0.0	22	0.0
その他の経費	61,005	16.0	59,831	16.4
ブロードバンド事業売上原価	9,575	2.5	9,396	2.6
請負・不動産事業売上原価	15,651	4.1	11,121	3.0
賃貸事業売上原価	380,109	100.0	364,895	100.0

③　補修費用の増加

　従前，各種の商品（アパート）を大量に販売したことにより，全国に56万戸にのぼるアパートを有するという事業インフラこそが当社の強みであった。しかし，施工不備が複数の商品シリーズで発覚したため，そのシリーズのすべての商品に対して補修工事を行わねばならず，会社の強みが一転して弱みとなってしまった。

　界壁に係る施工不備に留まらず，その他の施工不備も発覚し，これら一連の施工不備に係る補修費用の引当額は一時期500億円を超えた（**図**

84

表2-4（29頁）参照）。

　アパートのオーナーや監督官庁からはすみやかな補修を要請されてはいるものの，もはや会社の体力では多額の資金拠出を伴う短期間での補修工事は到底やりきれるものではなかった。

【図表5-4】界壁に係る施工不備の疑いありとして公表された商品

■ネイルシリーズ

■ゴールドネイル
■ニューゴールドネイル

■6シリーズ

■ゴールドレジデンス　■ニューシルバーレジデンス　■ニューゴールドレジデンス　■スペシャルスチール
　　　　　　　　　　　　　　　　　　　　　　　　　　　　　　　　　　　　　　　レジデンス

■ベタースチールレジデンス　■コングラツィア〔鉄骨タイプ・木造タイプ（標準仕様）・木造タイプ（寒冷地仕様）〕

出典：当社HP「界壁施工不備問題の概要について」（https://www.leopalace21.
　　　co.jp/info/overview.html）

④　借入利息

　2020年11月にファンドから570億円もの出資の受入れ・借入れを行った。うち借入れは300億円，利率は年14.5％，年間の借入利息は43億円強に上る。

　前述したような入居率の低下や借上家賃の高止まりなどにより収益力が伸び悩んでいる当社にとっては，利息相当額の利益を稼ぎ出すのは至

難の業であり，不可避の資金調達であったとはいえ，キャッシュ創出のためには少々手痛い金額である。

(2)　ビジネスモデルの転換

足元の入居率はもはや80％足らずしかなく，かつての90％越えというような入居率は，もはや望み薄とも思われた。

したがって，必ずしも，十分な利益・キャッシュの確保が保証されるわけでもなく，このような低空飛行下でも利益を確保しうるようなビジネスモデルに転換しなければならなくなった。

現状，本社やその他の事業所などといったものを除き，すでにめぼしい売り物もなく，金融機関もすでにカネやヒトを引き揚げており，さらに追加出資も困難な状況下においては，資金破綻の回避が喫緊の経営課題であり，仲介業者の利用による入居率確保，オーナーに対する借上家賃の適正化，管理原価の削減などを主軸とした，新たなビジネスモデルを前提とした抜本的な事業計画の作成が急務となった。

2　会計基準

(1)　継続企業の前提に関する注記の概要

会社が経営危機に陥った場合，継続（存続）できるのか，できないのかによって会計上の取扱いがまったく異なってくる。

すなわち，危機に陥っても会社が継続しうると判断されたときにのみ，会計上，従前どおりの評価が行われるとともに，継続企業の前提に関する注記が記載される一方，もはや継続できないと判断されれば，時価による評価などが行われる（会計制度委員会研究報告第11号「継続企業の前提が成立していない会社等における資産及び負債の評価について」）。

したがって，会社が経営危機に陥った場合，まずは，会社継続の可否を検討し，継続しうると判断された場合は，「経営破綻を前提とした時価などにより評価された財務諸表ではなく，なお，継続（Going Concern）し続けることを前提とした財務諸表を作成している」旨の注記（GC注記）を行うかどうかの検討を行うことになる。

【図表5-5】継続企業の前提に関する注記の概要

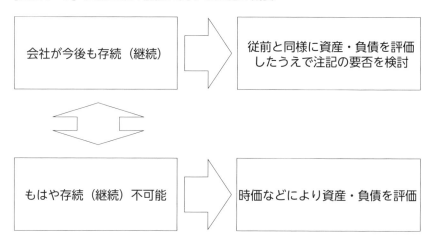

（2）継続企業の前提に重要な疑義を生じさせるような事象・状況

例えば，以下のような事象・状況が認められる場合，継続企業の前提に重要な疑義を生じさせるような事象・状況があるものとして，「企業が将来にわたって事業活動を継続するとの前提」に関する開示が行われる（監査・保証実務委員会報告第74号「継続企業の前提に関する開示について」，下線は筆者）。

<財務指標関係>
・売上高の著しい減少
・継続的な営業損失の発生又は営業キャッシュ・フローのマイナス
・重要な営業損失，経常損失又は当期純損失の計上
・重要なマイナスの営業キャッシュ・フローの計上
・債務超過
<財務活動関係>
・営業債務の返済の困難性
・借入金の返済条項の不履行又は履行の困難性
・社債等の償還の困難性
・新たな資金調達の困難性
・債務免除の要請
・売却を予定している重要な資産の処分の困難性
・配当優先株式に対する配当の遅延又は中止
<営業活動関係>
・主要な仕入先からの与信又は取引継続の拒絶
・重要な市場又は得意先の喪失
・事業活動に不可欠な重要な権利の失効
・事業活動に不可欠な人材の流出
・事業活動に不可欠な重要な資産の毀損，喪失又は処分
・法令に基づく重要な事業の制約
<その他>
・巨額な損害賠償金の負担の可能性
・ブランド・イメージの著しい悪化

　なお，通常これらの項目は複数の事象・状況が密接に関連して発生・発現することが多いため，重要な疑義の有無は総合的に判断されることになる。当社においては，これらの項目のうち少なくとも営業損失の計上やマイナスの営業キャッシュ・フローの計上により（上記の下線部分），継続企業の前提に重要な疑義を生じさせるような事象・状況があるものと判断された。

【図表5―6】会社の業績推移

（連結ベース，単位：億円）

(3) 対応策の検討

　継続企業の前提に重要な疑義を生じさせるような事象・状況が認められる場合，これらを解消・改善するための対応策が効果的で実行可能であるかどうかについて留意しなければならない。

　具体的な対応策の内容としては，例えば，借入金の契約条項の履行が困難であるという状況に対しては，会社が保有する有価証券・固定資産などの資産の処分に関する計画，新規の借入れ・借換え，新株・新株予約権の発行による資金調達の計画などが考えられる。

　また，重要な市場・得意先の喪失については，他の同等な市場・得意先の開拓といった計画などが考えられる。

⑷　評価期間と検討の程度

　継続企業の前提に関する評価は，継続企業の前提に重要な疑義を生じさせるような事象・状況を解消・改善するための経営者の対応策を含み，少なくとも貸借対照表日の翌日から1年間にわたり会社が事業活動を継続できるかどうかについて，入手可能なすべての情報に基づいて行うことが求められる。

　この場合，検討の程度は，会社を取り巻く経済環境やその会社の財政状態などによって影響を受けることとなる。例えば，会社が利益基調であり，資金調達を容易に行いうる状況にある場合には，詳細な検討を行うことなく，合理的な期間にわたって事業活動を継続できると容易に結論づけることができる。しかし，そのような状況にない場合には，将来における収益性や債務の返済予定に対する資金調達の実行可能性など，継続企業としての諸要因の検討が必要になる。

⑸　継続企業の前提に関する注記（GC注記）

　継続企業の前提が適切であるかどうかを総合的に評価した結果，貸借対照表日において，単独でまたは複合して継続企業の前提に重要な疑義を生じさせるような事象・状況が存在する場合であって，そのような事象・状況を解消・改善するための対応をしてもなお継続企業の前提に関する重要な不確実性が認められるときは，継続企業の前提に関する事項として，以下の事項を財務諸表に注記する。

① 　その事象・状況が存在する旨・内容
② 　その事象・状況を解消・改善するための対応策
③ 　重要な不確実性が認められる旨・理由
④ 　財務諸表は継続企業を前提として作成されており，重要な不確実性の影響を財務諸表に反映していない旨

【図表5-7】GC注記が必要となる場合

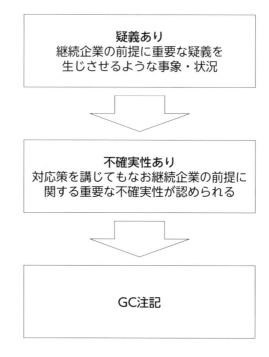

疑義あり
継続企業の前提に重要な疑義を
生じさせるような事象・状況

不確実性あり
対応策を講じてもなお継続企業の前提に
関する重要な不確実性が認められる

GC注記

　仮に，GC注記が付された場合，取引先においては，まずは取引継続の可否が検討され，取引中止とならないまでも取引条件の見直し（前受金の差入れ，支払サイトの短縮，担保提供など）が要請され，さらに資金繰りの悪化を招くといった悪循環に陥りかねず，事業への影響は計り知れないものとなる。会社にとって，GC注記の記載は何としても回避しなければならない。

(6) KAM

　一方，仮に，GC注記の記載を回避できたとしても，この継続企業の前提に関する検討について，新たに導入されたKAM（監査上の主要な検討事項）として監査報告書に記載されれば，会社が資金的に行き詰ま

るような危機的な状況にあることについて，あたかも監査法人がお墨付きを与えることになりかねない。

【図表5-8】GC注記が不要であっても，KAMが記載される場合

疑義あり
継続企業の前提に重要な疑義を
生じさせるような事象・状況

不確実性なし
対応策を講じることにより継続企業の前提
に関する重要な不確実性は認められない

| GC注記は不要 | 監査報告書にKAMが記載
GC注記の有無にかかわらず記載 |

　GC注記と同様，財務諸表の利用者に資金繰りの懸念を抱かせるという意味では，やはりKAMの記載は回避されるべきではある。しかし，KAMは監査法人が監査報告書に記載するものであり，監査法人による資金繰りの懸念が払拭されない限り，記載を回避することは不可能である（GC注記が付されれば，監査報告書には追記情報として記載される）。

　結局は**図表5-9**のとおり，監査報告書にGCに関するKAMが記載さ

92

れた。

【図表5-9】監査報告書におけるGCに関するKAMの記載

継続企業の前提に関する検討	
監査上の主要な検討事項の内容及び決定理由	監査上の対応
会社は，前連結会計年度において36,473百万円，当連結会計年度において29,182百万円の営業損失を計上しており，<u>継続企業の前提に重要な疑義を生じさせるような事象又は状況が存在すると判断している。</u>　<u>当該事象又は状況を解消し，又は改善するための対応をしてもなお継続企業の前提に関する重要な不確実性が認められるときは，継続企業の前提に関する事項を連結財務諸表に注記することが必要となる。</u>会社は，利益計画を基礎として資金収支の見積りを行い，継続企業の前提に関する重要な不確実性について検討している。 　会社は，WEB上での接客・内見・契約といったリモート化の推進や仲介業者の積極活用による客付け強化，エリア単位で営業戦略の展開と収支管理を行う体制への変更等により入居率を向上させて事業面の安定化を図るとともに，一括借上家賃の適正化や管理原価の削減，補修工事スケジュールの調整等により財務面の安	当監査法人は，継続企業の前提に関する重要な不確実性が認められるかどうかを検討するに当たり，主として以下の監査手続を実施した。 ● 　資金収支の見積りを評価するため，その基礎となる利益計画について，主として以下の監査手続を実施した。 　・経営者によって承認された直近の予算との整合性を検証するとともに，過年度の利益計画とその後の実績とを比較分析して見積りの精度を評価した。 　・賃貸契約数，契約済戸数及び賃料収入の見積りに関して，経営者等と協議するとともに，過去実績からの趨勢分析を実施した。 　・一括借上家賃の適正化に関して，経営者等に対し，進捗予測，合意見込件数及び適正化見込額について質問し，実行可能性を評価した。また，2021年4月末までの合意状況を把握し，見込みとの比較分析を実施した。

定化を図りながら，業績及び財務状況の改善に努めている。会社は，これにより事業継続を行うための十分な資金を有するとして，<u>継続企業の前提に関する重要な不確実性は認め</u><u>られないものと判断している。</u>

　将来の資金収支の見積り，またその基礎となる利益計画の見積りにおいては，賃貸契約数，契約済戸数，賃料収入，一括借上家賃の適正化及び管理原価の削減が重要な仮定となる。これらの仮定は，経営者の重要な判断を伴い，また不確実性を伴う。

　このため，当監査法人は継続企業の前提に関する事項が監査上の主要な検討事項に該当するものと判断した。

・管理原価の削減に関して，経営者等に質問し協議するとともに，得られた回答について，過去実績及び会社内部の資料との整合性を確かめた。
● 利益計画に反映された収支改善施策に関して，一定のリスクを反映させた経営者による不確実性の評価について検討した。
● 資金計画について，利益計画及び貸借対照表計画との整合性を検証した。
● 将来の収支改善が計画通りに進捗しなかった場合の会社の追加施策について経営者等に質問し，実行可能性を評価した。

（2021年3月期，下線は筆者）

3　会計実務

(1)　継続企業の前提に重要な疑義を生じさせるような事象・状況

　前述のとおり，会社はこれらの事象・状況のうち，少なくとも営業損失やマイナスの営業キャッシュ・フローの計上により，継続企業の前提に重要な疑義を生じさせるような事象・状況ありと判断していたが，これに留まらず，他の事象・状況についても該当する可能性があった。

　例えば，一連の施工不備問題により業績や資金繰りが悪化したため，

＜財務活動関係＞としては「新たな資金調達の困難性」が生じるであろうし，＜営業活動関係＞としては「主要な仕入先からの与信又は取引継続の拒絶」，「重要な市場又は得意先の喪失」，「事業活動に不可欠な人材の流出」のおそれもあり，さらに，＜その他＞の事象・状況として，「ブランド・イメージの著しい悪化」も避けられない。

　まさしく，複合的，連鎖的な事象・状況の発生・発現を招くことになりかねない事態であった。

(2)　対応策

　本章**図表5-9**（92頁）に記載のとおり，継続企業の前提に重要な疑義を生じさせるような事象・状況を解消・改善するための対応策としては，主として以下の5項目が検討された。

　これらの対応策については，それぞれが客観的な裏付けや足元の実績値をもって，一定の有効性や実行可能性が認められるものと判断された。

①　入居率の改善

　会社の営業活動は，従前，とにかく自前主義であった。

　会社のビジネスモデルが優れているがゆえに，他者に頼らずとも自ら法人ないし個人に対して営業活動を実施していれば，それなりの入居率が確保できた。すなわち，単身者向けに家具家電を備え付けたアパートの賃貸を全国展開するという，まさにニッチではあるが，管理戸数は56万戸に及ぶシェアを獲得することにより，安定的な入居率を確保するための仕組みができ上がっていたのである。

　しかしながら，一連の施工不備問題により入居率が大幅に落ち込み，さらに，新型コロナウイルス感染症に追い打ちをかけられ，もはや自力での入居率確保は難しく，仲介業者の力を借りることとなった。

　その効果は目に見えて現れることとなった。

　業界の傾向として，年明けから年度末にかけての引越しシーズンにおいて，入居率はピークを迎えた後は，年末に向けて徐々に入居率が逓減していくのであるが，2022年３月期においては，仲介業者への委託が本格化したことにより，年度末を越えても入居率が大きく下がることはなかったのである。

【図表５-10】 月次入居率の推移

（単位：％）

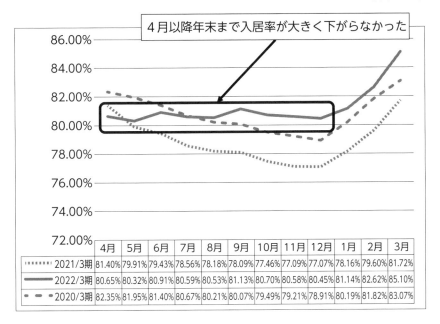

	4月	5月	6月	7月	8月	9月	10月	11月	12月	1月	2月	3月
2021/3期	81.40%	79.91%	79.43%	78.56%	78.18%	78.09%	77.46%	77.09%	77.07%	78.16%	79.60%	81.72%
2022/3期	80.65%	80.32%	80.91%	80.59%	80.53%	81.13%	80.70%	80.58%	80.45%	81.14%	82.62%	85.10%
2020/3期	82.35%	81.95%	81.40%	80.67%	80.21%	80.07%	79.49%	79.21%	78.91%	80.19%	81.82%	83.07%

②　借上家賃の適正化

　売上高に着目した対応策が入居率の改善である一方，売上原価に焦点を当てた対応策が，アパートのオーナーからの借上家賃の適正化である。

　施工不備問題の発覚後，２年間は借上家賃を見直さない旨の会社の方針が提示された。

　前述のとおり，一般的にアパートは経年劣化により資産価値が減少するため，家賃の更新時期においては，近隣相場を参考に家賃の見直しが行われる。

　時を同じくして，いわゆるサブリース新法（「賃貸住宅の管理業務等の適正化に関する法律」）が2020年12月に施行された。同法によれば，会社の経営が危うくなったといった理由での家賃交渉は認められず，あくまで外部の調査機関が算定した相場家賃との比較衡量によって，アパートのオーナーと協議することが求められる。

　施工不備問題に揺れる当社にとっては，顧問弁護士への事前相談を含めて，二度と法令違反などなきよう，慎重には慎重を期して家賃交渉が進められた。そのためには，まずは，アパートのオーナーに交渉のテーブルについていただく必要があるが，ひとたびオーナーとの協議が開始されると，一定の確度をもって借上家賃適正化の実績が積み上げられていった。

③　管理原価の削減

　ここに管理原価とは，アパートの清掃費や修繕費，備付け家具家電のリース料，および退去時の原状回復費などをいう。

　全国規模でアパートを展開している当社においては，これらの清掃，修繕，原状回復などについては，地域ごとに外部業者に委託している。

　この管理原価に係る単価について費目ごとに精査したところ，同じサービスでも地域によってはかなりの格差があることが判明した。例えば九州の○○県○○市と関東の××県××市の１棟当たりの清掃代に相当程度の格差が生じていたのである。

　この格差が長年にわたって放置されていたのは，やはり当社のビジネスモデルに起因するものと思われる。すなわち，90％超えというような高い入居率が確保されているような場合，管理コストが多少高くとも十

分な利益を獲得することが可能なのである。それゆえ，委託先である業
者との価格交渉も十分に行われることなく，なかば業者任せの金額と
なっていたケースも十分にありうる。

　しかしながら，入居率が低迷している現況下においては，標準的な価
格を設定のうえ，すべての拠点においてこれに準拠することが不可避と
なった。

　そのほか，頻繁に実施されていた入退去時の清掃や，アパートに備付
けの家具家電の交換に係るタイミングについても，過剰と判断された管
理業務については見直しが行われた。

　確かに，1つひとつの削減額は少額かもしれないが，56万戸の管理戸
数が対象であるため，多額の削減効果が生じることとなった。当たり前
のことを当たり前に実施するということが，経営危機を迎えたことで，
ようやく着手されることとなったのである。

④　エリア制への変更

　損益責任を明確にするため，全国を7つのエリアに分割することと
なった。これも当社のビジネスモデルに起因することであるが，それほ
ど支店（エリア）別の損益にこだわらずとも，一定の入居率さえ確保さ
れていれば経営が成り立ってしまうため，支店損益の意識が希薄であっ
た。なるほど，従前は90％を超える入居率を確保していたため，そもそ
も支店損益を算定する動機が生まれないのである。

　まさにどんぶり勘定であった。

　しかしながら，入居率の低迷に伴い，ようやく，その必要性が認識さ
れ始めたのである。エリア別の損益が明らかになることで，エリア長の
責任も明確となり，より有効な損益管理が期待された。

　事実，これまで注目されていなかったエリアが意外に十分な黒字を確
保していることが判明した一方，広く営業活動を展開した首都圏のエリ

アに係る利益の貢献度が必ずしもはかばかしくないことが白日の下にさらされることとなった。

⑤ 補修工事費用の見直し

　施工不備問題を受けて，早急なアパートの補修が要請され，アパートのオーナーや監督官庁である国土交通省などから補修スケジュールについての合意や承認を得なければならなかった。

　しかしながら，補修が必要なアパートは相当数に上り，これを短期間で補修するとなると，一時に多額の資金負担が生じてしまう。

　そこで，補修スケジュールを見直し，より緊急性の高い物件から補修に着手するとともに，これまで不備として取り扱われた物件であっても，外部の研究機関による燃焼試験や専門家の見解などを参考に基本的な安全性が確保されていると認められた物件について，入居募集を再開したのである。

　また，補修について同一の業者に一括発注することにより，補修単価が大幅に低減するとともに，補修に係る工法の見直しも補修工事費用の削減につながった（第2章4「監査法人との協議」（43頁）参照）。

　さらに，従前，外部の業者に依頼していた工事を当社の従業員が実施することによっても，補修工事費用の削減が図られた。いわば，「工事の内製化」であり，「内製化」率の引上げによって，多額の資金負担を回避することが可能となった。

　なお，これら諸施策のうち，入居率の改善は入居者側の事情に左右されるという不確定要素もあり，補修スケジュールの見直しについては補修時期を延期したとしても，いずれは実施しなければならない工事である点などを考慮すると，やはり借上家賃の適正化がより有効な方策と考えられた。

　この点，借上家賃の適正化は周辺家賃相場に従い，粛々とアパートの
オーナーと協議を進めることが可能であり，また，コストの削減額の大
きさからいっても，十分な費用対効果が期待された。

(3)　GC注記の要否

①　事業計画

　上記の諸施策を講じた場合に見込まれる2022年3月期の業績予想は，
図表5-11のとおりであった。

【図表5-11】2022年3月期の連結業績予想（連結ベース）

(単位：百万円)

	売上高	営業利益	経常利益	親会社株主に帰属する当期純利益
第2四半期（累計）	198,000	△7,400	△9,700	△11,500
通　期	402,900	2,000	△2,900	△5,600

　通期では赤字を予想しているものの，期の後半においては月次ベース
での黒字転換を予想しており，翌期（2023年3月期）においては，完全
黒字化までの回復を目指していた。
　したがって，継続企業の前提に関する評価に際して，指標となる現預
金残高は**図表5-12**のようなイメージで推移することが見込まれた。

【図表 5-12】現預金残高の推移（2022年3月期）

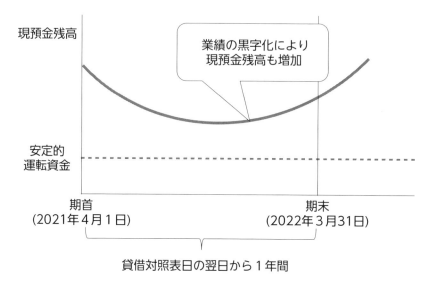

　前述したように，継続企業の前提に関する評価は，少なくとも貸借対照表日の翌日から1年間にわたり会社が事業活動を継続できるかどうかについて行うことが求められるため，2021年3月期決算においては，2022年3月末までの現預金の推移が求められることになる。

　図表5-12中の「安定的運転資金」の主たる内訳項目はアパートのオーナーに支払う借上家賃であるが，現預金残高がこれを下回ると資金ショートを起こすことになる。しかしながら，各種の施策による業績回復と平仄を合わせるように，期中において現預金残高は底打ちすることが予想された。

　なお，会計基準に定める「少なくとも貸借対照表日の翌日から1年間」にわたり会社が事業活動を継続できるかどうかについて評価を行うというのは，1年間だけの評価で必要十分ということではなく，たとえ，向こう1年間は必要な現預金残高を確保できるとしても，業績の回復傾

向がみられない場合は，期末を越えての破綻の可能性が否定できず，1年を超えて事業計画ないし資金計画を検証しなければならないことはいうまでもない。

【図表5―13】業績の回復傾向がみられない場合の現預金残高の推移

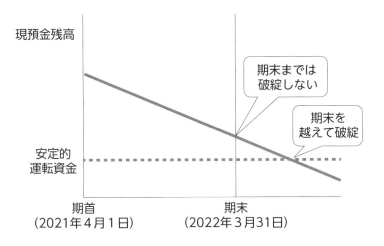

②　ストレスの負荷

従前において当初作成した事業計画が達成できなかった場合，事業計画の信頼性に疑義が生じることになる。

当社においても，計画未達が続いたことにより，監査法人から，より慎重な計画策定が要請されることになった（第6章①(1)「計画未達」（114頁）参照）。具体的には，事業計画に一定のストレスを掛けることにより，より保守的な事業計画を作成することになる。

これを当社では，リスクケースに基づく事業計画といい，例えば，売上予測の基礎となる入居率の推移を固めに見積もることにより，**図表5-14**のように，より確実性の高い資金計画の作成を目指すこととなった。

　ただし，このリスクケースにおいてもなお，資金繰り懸念は十分払拭されることが明確となり，GC注記は不要という結論に達し，監査法人もこれに同意した。

【図表5-14】リスクケースに基づく現預金残高の推移

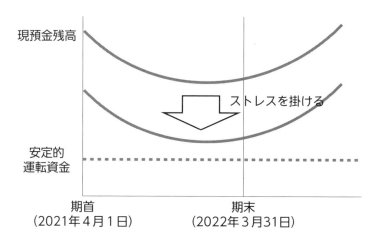

【図表5─15】事業計画に対するストレスの負荷

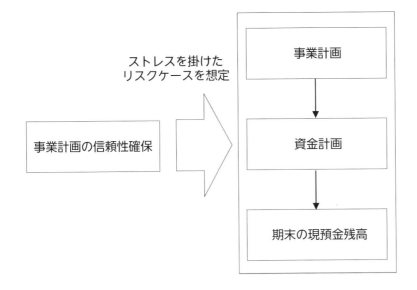

③　バックアップ・プラン

　資金計画については，このような一定のストレスを掛けたリスクケースに加えて，所有不動産や投資有価証券の売却，固定費や金融費用の削減など，資金計画において具体的な金額として反映しないものの，次の一手としてのバックアップ・プランを確保しておくことで万全を期すこととした。

4 ｜ 監査法人との協議

(1)　異例のヒアリング要請

　2021年を迎えた当初は，異動のシーズンに入っても，なかなか入居率が向上しないこともあり，経理部内では厭世的な雰囲気が漂っていた。

そこで，2021年3月期決算を迎えるに際し，同年2月には経営層にGC注記の記載もありうる旨を報告した。

ほぼ時を同じくして，監査法人から，通常のヒアリングとは別に，2月から毎月，社長ヒアリングが要請された。例年，当社では社長ヒアリングは年に2回程度開催されるという点で，極めて異例の事態といえるであろう。

しかしながら，4月に入り，足元の入居率は計画値を超え，借上家賃の適正化についても，緒に就いたばかりとはいえ，計画どおりの推移で実績を築いていった。また，現預金も単体ベースで400億円を超え，まさしく当面の資金的な危機といったような状況は回避されつつあった。

余談ではあるが，資金繰りを含めて，会社の危機的な状況を詳らかにすることにより，会社全体でそのような状況を共有することこそが，資金繰り対策を確実に遂行するにあたって，極めて有効な手段と考えられた。しかしながら，危機感をあおってしまうことで，かえって従業員のやる気を削いでしまい，会社の雰囲気まで悪くしてしまうリスクもあり，痛し痒しの状況であった。

このように，いたずらに危機感をあおることは必ずしも得策とは考えられなかったため，当初は社内で危機感が十分に共有できていたとはいえなかった。部署によっては「そこまで目くじらを立てて対応策を講じなくても」というような冷ややかな反応もあり，施策遂行における情報共有の難しさを痛感せざるを得なかった。

⑵　ヒアリング本番

社長ヒアリングの本番では，経営企画部や経理部の担当者が同席したが，監査法人からは3名の監査責任者全員が出席した。

このとき，社長の泰然自若とした態度もさることながら，経営企画部担当者による事業計画の説明が実に堂々たるものであった。筆者も監査

法人の勤務時代において，幾度となくクライアントの計画説明に臨んだが，これほど説得力のある説明は聞いたことがなかった。

　まず，対応策や今後の見通しについては，経営企画部長から具体的に，かつ，明瞭に説明された。はったりもなく淡々と説明する姿勢が監査法人に対して好印象を与えたのは間違いない。

　家賃の適正化についても「はい，きっちりとやらせていただいています。まずは，アパートのオーナー様に交渉のテーブルについていただき……直近の適正化率は××％となっています」などというような実に歯切れのよい回答であり，特に差し迫った緊迫感のある雰囲気にもならず，最終的には会社の説明に監査法人も納得感のある表情を見せていたように思う。

　加えて，担当次長が事業計画上のポイントを淀みなく，冗長にもならず，簡潔に説明し切ったことも，監査法人に好印象を与えたはずである。

　このような明快で説得力のある説明が功を奏し，一連のヒアリングを通じて，監査法人側に当面の資金繰りに対する懸念が払拭されたことについて一応の心証が形成されたように思われた。

　監査法人は監査意見を表明するために，個々の監査証拠を積み上げていくが，最終的には監査人の「心証」がものをいう。「心証」といっても，監査人が心に描くイメージのようなものではなく，またテレビで見るような刑事ドラマとは異なり，同じ「証拠」であっても監査上の証拠には唯一絶対のものがあるわけではない。担当者への質問や資料の閲覧などを通じて得られた総合的な判断に基づいて，監査人の心証が形成されるのである。

　監査法人側もよほど安心したのか，監査責任者の口から「資金繰りについては特に問題ないかもしれませんね」というような趣旨の発言が出たときには，正直驚いてしまった（もちろん，監査法人が正式に個別の検討事項に対してお墨付きを与えるようなことはしないのであるが）。

　適正意見を出すかどうかの監査法人としての最終的な判断は，あくまで監査法人内で行われる「審査」によって行われる。「審査」は，監査チーム以外の監査法人のパートナーによる，監査チームにより実施された監査手続全般にわたるチェックであり，通常1名の審査員が選任される。

　当社の場合，会社法監査報告書の提出日である5月中旬頃における会社法審査の実施によって，はじめてGC注記の要否が決定する。ところが，社長ヒアリングという，いわば公式の場で，監査責任者が私見ながらも資金繰りに関する肯定的な見解を述べたのである。

　俗っぽい言い方ではあるが，その瞬間，驚くとともに「勝った」と思った。2021年3月期の最大の懸案事項であるGC注記の記載の要否について，最終的な審査結果を待つにしても，まさしく，事実上の決着を見たといったら言い過ぎであろうか。少なくとも，監査チームを味方に引き込んだことは間違いないように思われた（もちろん，監査法人が正式に「会社の味方につく」などということはありえない）。

(3)　事業計画への思い

　繰り返すが，資金繰り懸念を払拭するための対応策に係る具体性や合理性，足元の計画の達成状況といった客観的な事実こそが，GC注記を回避するために重要な要素であることは異論のないところである。

　それでもなお，これらの客観的な要素に加えて，担当者による説得力のあるプレゼンテーションも不可欠な要素であることをあらためて思い知らされることとなった。

　筆者は監査法人時代に，クライアントのGC注記の解消を目指して，監査チームのメンバーとして複数の審査員から構成される本部審査というものに臨んだことがある。監査チームとしては，データを交えながら資金繰りに関する監査チームの見解について説明を尽くし，審査員から

同意を得なければならないが，これらの客観的な要素を支える自己の信念や思いといったものがいかに大切なことかを痛感させられた。

　立場が変わり，被監査会社側から見ても，それは同じことだと思わずにはいられない。経営者や従業員の「思い」こそが会社の運命を左右する，といったら過言であろうか。

(4)　最終結論

　会社法監査の審査では，前述したように，通常1名の審査員が選任されるが，当社は会計・監査上の重要な懸念事項を抱えた，いわばハイリスクのクライアントであったので，複数の審査員が担当することになった。

　すでに事前審査を終えた5月中旬の最終審査は，監査法人内で半日ほどかけて実施されたようである。結論が持ち越されたり，監査チームの見解が受け入れられないことも多い中，経理部の担当次長宛てに審査通過のメールが来たのは午後10時頃であった。

　審査結果はただちに社長に報告された。

　2021年3月期の有価証券報告書上の記載は**図表5-16**のとおりである。GC注記は不要とされ，継続企業の前提に重要な疑義を生じさせるような事象・状況のみが記載されることとなった。

【図表5—16】継続企業の前提に重要な疑義を生じさせるような事象・状況に関する記載

第2　事業の状況
　2【事業等のリスク】
　(7)　重要事象等について

　当社グループは，当社施工物件で判明した界壁等の施工不備の影響により，前連結会計年度において営業損失を計上し，2期連続で親会社株主に帰属する当期純損失及びマイナスの営業キャッシュ・フローを計上いたしました。

　当連結会計年度においては，補修工事並びに入居者の募集再開を進め，業績は回復基調にありましたが，新型コロナウイルス感染症の影響により，賃貸事業の主要顧客である法人企業の異動が抑制されるなど入居需要が低迷した結果，営業損失29,182百万円，親会社株主に帰属する当期純損失23,680百万円を計上し，営業キャッシュ・フローはマイナス40,816百万円となりました。

　これらの結果，継続企業の前提に重要な疑義を生じさせるような事象又は状況が存在しております。

　このような状況を解消すべく，2020年11月2日付で第三者割当増資，新株予約権付ローンによる資金調達並びに連結子会社である株式会社レオパレス・パワーにおける優先株式の発行を実施し，合計57,215百万円の資金を調達いたしました。

　また，2020年6月5日に公表した「抜本的な事業戦略再構築の検討結果を踏まえた構造改革の実施について」に基づき，ノンコア・不採算事業の譲渡・撤退（所有不動産・投資有価証券の売却・譲渡，子会社の譲渡・清算等），希望退職の実施や役員報酬減額，人事制度改定といった人件費構造の見直し，賃貸事業の営業原価・管理原価抑制や店舗統廃合による固定費圧縮，広告宣伝費や販売促進費の見直し，株主優待の廃止など，あらゆるコストの見直しと削減施策を実施してまいりました。

　2022年3月期においても同様の施策を継続しつつ，WEB上での接客・内見・契約といったリモート化の推進や仲介業者の積極活用による客付け強化，エリア単位で営業戦略の展開と収支管理を行う体制への変更等により入居率を向上させて事業面の安定化を図るとともに，一括借上家賃の適正化や管理原価の削減，補修工事スケジュールの調整等により財務面の安定化を図りながら，業績及び財務状況の改善に努めてまいります。

　資金の流動性につきましては，当連結会計年度末の現預金残高は54,863百万円となっており，当面の事業継続を行うための十分な資金を

有しております。

　将来の営業収支の見積りにおける重要な仮定は，賃貸契約数，契約済戸数，賃料収入，一括借上家賃の適正化及び管理原価の削減であり，これらの仮定は一定の不確実性を伴うものの，<u>上記の施策等を着実に実行することにより，継続企業の前提に関する重要な不確実性は認められないものと判断しております。</u>

（下線は筆者）

5 振り返り

(1) 実績の積上げ

　前述したように，スポンサーから570億円もの投融資を実行してもらっても，なお資金的に厳しい状況下において，何といっても入居率の改善こそが今後の事業計画の確実性を下支えする。

　数字は絶対である。

　当社の場合，どれほど美辞麗句を並べ立てて今後の事業計画の確実性を主張しても，入居率の改善がみられない限り，目標達成は難しい。あくまで入居率の改善を前提としたうえでの，対応策なのである。

　幸いにも，仲介業者による営業支援もあり，期末日後においても入居率は比較的順調に推移した。

　このように，比較的好調な入居率を前提として，各種対応策の有効性確保が喫緊の課題となった。

　対応策の中でも，特に重視されたのがオーナーに対する借上家賃の適正化である。というのも，売上原価に占める借上家賃の割合が大きく，かつ，会社の自助努力によって計画的に結果を出すことができると考え

110

られたために，借上家賃の適正化いかんが対応策の有効性を左右するといっても過言ではなかった。

一方，他の対応策，例えば仲介業者への支援要請は，ある意味，他人任せであるし，管理原価の削減については会社全体としてどの程度削減できるかの見積りが容易ではなかったため，それ単独では対応策の有効性を十分に保証するまでの策とはなりえなかった。

したがって，借上家賃の適正化を着実に遂行することが最重要課題とされ，監査法人もその達成度に注目していた。

(2) 経営者の思い

このような対応策の有効性確保のために，まずは，何としてでもやりきるという「経営者の思い」といったものが不可欠となる。

事業計画とは，単に将来の業績を見積るものではない。事業計画は，経営者の思いが込められたものでなければならない。経営者の事業計画に対する強い思いこそが，各種対応策の有効性に直結するのである。

そのうえで，事業計画の合理性や客観性を確保し，監査法人に対して，これを丁寧に説明し切ることが肝要なのである。

また，経営者だけではなく，経営企画部，現業部署などの関係部署が「一枚岩」となって関与することも欠かせない。筆者の拙い経験ではあるが，お家の一大事のときは，とにかく全社一丸となった人海戦術が有効であり，そこから思いがけない道も拓けるのである。当社の場合，少なくとも，経営層，経営企画部，経理部などにおいて危機感が共有され，同じ土俵で期末決算に臨むことができたという自負があった。

とにかく監査法人は心配性である。たとえ些細なリスクであっても最悪の事態を想定してしまう。近時，相次ぐ企業の不祥事により監査の信頼性が失墜し，当局による監査法人に対する監督も厳しくなっていることも背景にある。

　借上家賃の適正化においても，担当者のマンパワーは足りているか，交渉が不調に終わった場合等々のリスクをこと細かに指摘してくるのである（私も監査法人側であれば同じことをすると思う）。

　これらの心配事を1つひとつ丁寧に解きほぐしていくことで，監査法人に安心感をもってもらうことが肝要である。最後は監査人の「心証」であり，個々の監査証拠を積み上げた後に，監査人は最終的な判断を下すことになるため，経営者の思いや危機感の共有とかいったものが監査人の心証形成に大きな影響を与えることになる。

　合理的な事業計画とともに経営者の心構えと一体感の醸成という，まさしく，どの仕事においても求められるであろうことが，経営危機を乗り切る原動力となるのである。

【図表5-17】監査人の心証に影響を及ぼす取組姿勢

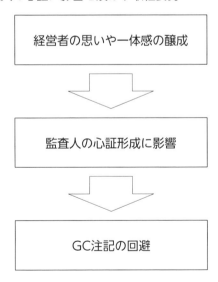

第6章

繰延税金資産の回収可能性

1 背 景

(1) 計画未達

　第2章「補修工事関連損失引当金」で記載したように，2018年4月に当社施工物件において界壁の小屋裏・天井裏部分についての施工不備が公表されて以降，次々と新たな不備が発覚し，補修工事関連損失引当金の追加引当てや入居率の低下に伴う売上減少などにより，当社が当初公表した業績予想を何度も下回ることとなった。

　具体的には，決算短信上で翌期の業績予想が公表されるのであるが，**図表6-1**のように，2019年3月期から2021年3月期まで，3期連続で当期純利益（単体ベース）が業績予想を下回る結果となった。

【図表6-1】当期純利益の業績予想と実績

（単体ベース，単位：億円）

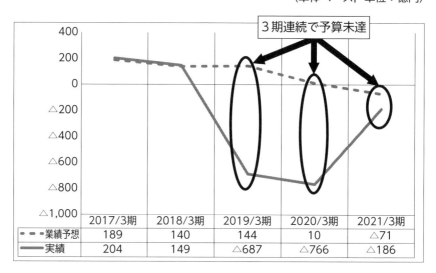

	2017/3期	2018/3期	2019/3期	2020/3期	2021/3期
業績予想	189	140	144	10	△71
実績	204	149	△687	△766	△186

(2)　繰延税金資産の推移

　坂を転げ落ちるように業績が悪化し，公表された予算が幾度となく未達となるような状況下において，監査法人もいよいよ業を煮やし，繰延税金資産の計上については態度を硬化せざるをえなくなってきた。

　2020年3月期においては，繰延税金資産に係る将来の課税所得の見積可能期間については翌期のみとされ，翌2021年3月期に至っては繰延税金資産の計上はまったく認められないこととなった（2020年3月期においても，結果的に繰延税金資産はゼロであった）。

　これだけ計画未達を続けているため，もはや，取崩しについては議論の余地がなくなってきていた。それでもなお，将来の課税所得の発生について「手を替え品を替え」監査法人に主張してみたものの，まったくの徒労に終わった（後述3(2)「2020年3月期」（120頁）参照）。

　業績の回復時には繰延税金資産の計上により利益がさらに増え，逆に，業績が悪化すると繰延税金資産の取崩しにより赤字が増えるという，繰延税金資産のおそろしさを身をもって味わうこととなった。まさに，当社の実態が冷徹に数値化され，繰延税金資産の取崩しを監査法人に宣告されたときには，なぜか，いわれのない罪悪感に襲われるとともに，打ちのめされた気持ちになった。

　「失われた信用」

　「失われた繰延税金資産」

　二の句も継げない。

【図表6-2】当期純利益と繰延税金資産

（単体ベース，単位：億円）

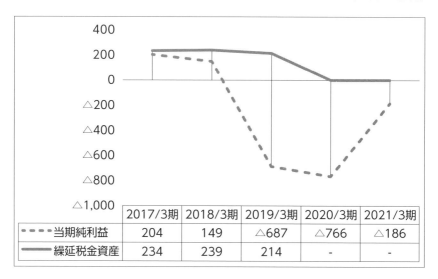

	2017/3期	2018/3期	2019/3期	2020/3期	2021/3期
----- 当期純利益	204	149	△687	△766	△186
―― 繰延税金資産	234	239	214	-	-

2 会計基準

　当社のように，重要な税務上の欠損金が生じているような会社の場合，税効果会計の適用に際しては，会計基準上，以下の会社分類に応じて繰延税金資産に係る将来の課税所得の見積可能期間が決定される（企業会計基準適用指針第26号「繰延税金資産の回収可能性に関する適用指針」）。

(1)　分類4（原則規定，第26，27項）

　以下に該当する場合は，翌期の一時差異等加減算前課税所得の見積額に基づいて，翌期の一時差異等のスケジューリングの結果，繰延税金資産を見積る場合，繰延税金資産は回収可能性があるものとされる。

　次のいずれかの要件を満たし，かつ，翌期において一時差異等加減算前課税所得が生じることが見込まれる企業。
- (1)　過去（3年）または当期において，重要な税務上の欠損金が生じている。
- (2)　過去（3年）において，重要な税務上の欠損金の繰越期限切れとなった事実がある。
- (3)　当期末において，重要な税務上の欠損金の繰越期限切れが見込まれる。

⑵　分類4（例外規定，第28，29項）

　上記⑴にかかわらず，以下に該当し，将来の合理的な見積可能期間（おおむね5年）以内の一時差異等加減算前課税所得の見積額に基づいて，見積可能期間の一時差異等のスケジューリングの結果，繰延税金資産を見積る場合，繰延税金資産は回収可能性があるものとする。

　なお，将来において5年超にわたり一時差異等加減算前課税所得が安定的に生じることを合理的な根拠をもって説明する場合は，さらなる繰延税金資産の積増しも可能であるが，当社の合理的な見積可能期間は従前より5年以内であった。

　重要な税務上の欠損金が生じた原因，中長期計画，過去における中長期計画の達成状況，過去（3年）および当期の課税所得または税務上の欠損金の推移等を勘案して，将来の一時差異等加減算前課税所得を見積る場合，将来においておおむね3年から5年程度は一時差異等加減算前課税所得が生じることを企業が合理的な根拠をもって説明するとき。

⑶　分類5（第30，31項）

　以下の要件をいずれも満たす企業は，原則として，繰延税金資産の回

118

収可能性はないものとする。

> ⑴ 過去（3年）および当期のすべての事業年度において，重要な税務
> 上の欠損金が生じている。
> ⑵ 翌期においても重要な税務上の欠損金が生じることが見込まれる。

【図表6-3】 重要な税務上の欠損金が生じている場合の繰延税金資産

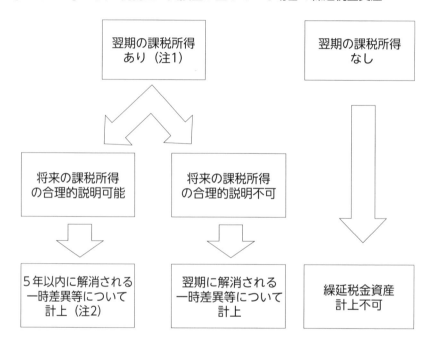

（注1）「課税所得」とは一時差異等加減算前課税所得をいう。以下同じ。
　　　　繰延税金資産を計上するためには，まずは翌期の課税所得が見込まれる
　　　　ことが必要となる。
（注2）5年を超えて解消される一時差異等について繰延税金資産が計上される場
　　　　合もある。

3 　会計実務

　当社においては，施工不備問題の広がりによって赤字が続いたため，**図表6-4**の時系列で会社分類が変更され，2021年3月期においては繰延税金資産の全額が取り崩された（前述①(2)「繰延税金資産の推移」（115頁）に記載のように，2020年3月期においても結果的に繰延税金資産はゼロであった）。

【図表6-4】当期純利益，会社分類，および繰延税金資産の推移

（単体ベース，単位：億円）

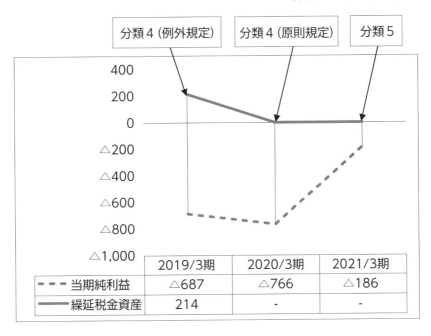

	2019/3期	2020/3期	2021/3期
- - - 当期純利益	△687	△766	△186
──── 繰延税金資産	214	-	-

(1) 2019年3月期

　2018年4月にはじめて施工不備問題が公表され，507億円もの補修工事関連損失引当金が計上されたものの，それでもなお，翌期の課税所得が見込まれ，将来（5年）の課税所得についての合理的な説明が可能とされたため，会社分類については分類4（例外規定）と判断された。

　したがって，将来の合理的な見積可能期間（5年）以内の課税所得の見積額に基づいて，見積可能期間の一時差異等のスケジューリングの結果，見積られた繰延税金資産の回収可能性に対しても，監査法人から特段の疑義が挟まれることもなく，従前と同程度の繰延税金資産が計上された。

(2) 2020年3月期

　施工不備問題の収束にいまだ目途がつかず，補修工事関連損失引当金も上昇傾向にあり，翌期の課税所得が見込まれるものの，監査法人も分類4（例外規定）の継続については態度を硬化させたため，将来の課税所得についての合理的な説明は困難を極めた。

　それでもなお，以下を根拠として将来（3〜5年）の課税所得についての合理的な説明を試みた。

---

(1)　将来の課税所得の基礎となる事業計画は，課税所得の増加に直結するオーナーへの借上家賃適正化の施策を講じる前の金額であること（第5章③(2)②「借上家賃の適正化」（95頁）参照）

(2)　単身住まいというニッチな賃貸住宅市場において，高い収益性を備えた当社のビジネスモデルはまったく毀損していないこと

(3)　全棟調査がほぼ終了した以降，新たな施工不備は検出されておらず，施工不備を原因としたこれ以上の損失積増しは想定しえないこと

(4)　例えば，将来の課税所得の見積可能期間を従前の5年から3年に短

> 縮すれば，相当程度のストレスを掛けることとなること
> (5)　事業計画は信頼しうる外部のコンサルティング会社とアドバイザ
>   リー契約を締結のうえ，策定されていること

　しかしながら，もはやどのような説明を行おうとも，監査法人によっ
て受け入れられる余地はほとんどありえないように思われた。

　監査法人としては，すでに「3回も裏切られている」のであり，課税
所得の減少は相次ぐ施工不備問題という当社の意図しない臨時的な原因
により生じたものにすぎないという主張もまったく受け入れられなかっ
た（「3回」というのは**図表6-1**（114頁）の楕円で囲った部分，すな
わち，2019年3月期から2021年3月期までの3期連続にわたる利益の未
達をいう）。

　結果として，会社分類については分類4（原則規定）と判断され，翌
期の課税所得の見積額に基づいて，翌期の一時差異等をスケジューリン
グのうえ繰延税金資産を見積り，これを有価証券評価差額に係る繰延税
金負債と相殺したため，繰延税金資産はゼロとなった。

(3)　2021年3月期

　業績については，ようやく底打ちの兆しが見られたとはいえ，もはや
翌期の課税所得が見込まれず，会社分類は分類5と判断された結果，繰
延税金資産の回収可能性はないものとされ，繰延税金資産の全額が取り
崩されることとなった。

【図表6-5】繰延税金資産の回収可能性を巡る議論

3～5年の見積可能期間を主張

| 当社
将来の課税所得の合理的説明は可能（回収可能性あり） | | 監査法人
もはや信用できない
（回収可能性なし） |

見積りは不可能と主張

4 監査法人との協議

(1) 会社分類の見直し

　2022年3月期に入り，会社のイントラネットに掲載された社長の言葉を借りれば，「今年の4～5月ぐらいは，まだトンネルの出口が小さくしか見えなかったが，今はその出口がだんだん大きく見えるようになってきており，だいぶ向こうの景色もそろそろ見えるぐらい」にはなってきた。

　業績が好転すれば，会社分類が現状の分類5から分類4へ移行することも視野に入ってくる。前述のように，翌期の課税所得が見込まれ，かつ，将来（3～5年）の課税所得についての合理的な説明が可能であれば，分類4（例外規定）と判断される場合もある。

　現時点においては翌期の課税所得が見込まれるほど業績が改善し，また，将来の課税所得も十分に生じるような事業計画がすでに策定されている。分類4（例外規定）と判断されるためには，監査法人に対してこの計画に係る合理的な根拠を示すことができるかどうかにかかっている。

そのためには，直近の実績値が予算を超えているかどうかという足元の計画達成度が，何より重要な判断指標となった。

より具体的にいえば，以下の経営指標についての達成度合いが重視されることとなった。

①　入居率の確保

従前より，2022年３月期末時点の入居率は84〜85％が見込まれる旨が公表されていた。

賃貸住宅市場においては，一般的に入居率は４月から12月までは徐々に下降し，１月から３月の引越しシーズンを迎えると反転（上昇）するという季節的変動がみられる。

１月から３月までにおいては，例年，４〜５ポイント程度入居率が上昇するため，12月までに80〜81％の入居率を確保している必要がある。この点，経営トップ自らによる法人営業や仲介業者の活用などにより，例年であれば12月までは下降傾向にある入居率が上昇あるいは下げ止まっており，84〜85％の入居率も十分視野に入ってきた（第５章③(2)①「入居率の改善」（94頁）参照）。

②　借上家賃の適正化

借上家賃は当社の主要なコストである。2021年３月期実績で2,808億円と，実に売上高合計の71.6％を占める（第５章①(1)②「借上家賃の据置き」（81頁）参照）。

仮に平均５％の引下げが可能であれば，140億円余りの利益の底上げとなる。

一連の施工不備問題により，借上家賃は２年間据え置かれたため，たとえ２年間の経年劣化であっても周辺相場を基礎とした値下げの余地も十分にある。

もちろん，アパートのオーナーのご理解をいただくことが大前提であるため，交渉のための人材確保が借上家賃適正化のための課題となった。

この点，現業部門，管理部門を問わず社内のあらゆる部署からの異動や応援により，必要な人材確保の目途が立つこととなった（第5章③(2)②「借上家賃の適正化」（95頁）参照）。

③ 管理原価の削減

全国でばらつきのあったアパート管理に係る外部委託費用を含む管理方針の見直しにより，管理原価の削減が図られた。

この点，アパート清掃時期や備付け家具の交換時期などの見直しを行うことにより，相当程度の原価削減が達成された（第5章③(2)③「管理原価の削減」（96頁）参照）。

これら3つの項目のうち，入居率の確保については賃貸住宅市場の動向やコロナ禍の影響もあり，企業努力ではいかんともしがたい側面がある。

管理原価の削減については，会社の管理方針の見直しや業者との交渉など比較的方策が立てやすい。

一方，借上家賃の適正化はアパートのオーナーとの個別交渉が必要となるという点で最も企業努力に左右されるため，借上家賃の適正化に係る会社の取組姿勢については監査法人によって慎重に検証されることとなった。

【図表6-6】将来の課税所得に係る合理性確保のための方策

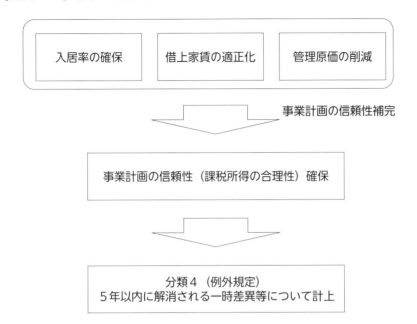

入居率の確保　　借上家賃の適正化　　管理原価の削減

事業計画の信頼性補完

事業計画の信頼性（課税所得の合理性）確保

分類4（例外規定）
5年以内に解消される一時差異等について計上

(2)　会社分類見直しの時期

　会社分類の見直しやGC注記の解消など重要な会計上の見積りについては，期末時点で見直しが行われ，四半期末では見直されないことが一般的な会計実務と考えられる。

　ただし，四半期末での見直しも許容されないわけではないため，2022年3月期の期末ではなく，第3四半期末における会社分類見直しの可能性を探ることとなった。

　第3四半期の決算発表は2月中旬であるため，入居率の上昇時期である1〜3月までの趨勢を確かめることも可能であり，同時期での会社分類の見直しも十分可能と判断された。ただ，残念ながら，第3四半期においては前述した3つの指標が必ずしも芳しい実績ではなく，期中での

繰延税金資産の計上は諦めざるを得なかった。

(3) 監査法人の判断

会社の判断による繰延税金資産が計上されるかどうかは，監査法人によって将来（5年）の事業計画が承認されるかどうかにかかっている。監査法人により事業計画が信頼に足りうると判断されるかどうかによって，課税所得の見積可能期間が決まるのである。

繰り返すが，何しろ監査法人は「3回も裏切られている」のである。

事業計画は計画に託された経営者の思いを斟酌すべきなどといわれることもあるものの，まずは足元の数値が肝要であり，入居率，借上家賃，管理原価の達成状況いかんにかかっている。

仮に，監査法人が会社の主張を認めるにせよ，後になって計画の未達が判明し，結果，再度繰延税金資産を取り崩さなければならないというような失態は，監査法人として厳に回避されねばならず，勢い，慎重な態度を取らざるを得ないという監査法人の心情も十分に理解できる。

監査法人との協議の結果，2022年3月期末においては会社分類として分類4（原則規定）と判断され，翌期に解消される一時差異等についてのみ繰延税金資産が計上され，複数年分の一時差異等に係る繰延税金資産を計上することは叶わなかった。

なお，減資により税務上の中小会社として取り扱われた結果，過年度の繰越欠損金の繰越しが50％ではなく100％認められたため，繰延税金資産の計上額はそれだけ増額し，交際費の特例や租税特別措置の適用も可能となった。

恨みつらみを述べるつもりは毛頭ないが，個人的には「監査法人にもう少し汗をかいて（仕事をして）ほしかった」という思いが残った。

もちろん，監査法人はあえて火中の栗を拾うことを避けることが賢明

かもしれないし，仮にそれが過度の保守主義であったとしても世間から何のお咎めを受けることはない。

　それでもなお，100点満点とはいわないまでも，入居率や借上家賃の適正化について計画値はほぼ達成され，期末の入居率が確定しさえすれば，翌期以降の業績についても大幅に落ち込むようなことは想定しにくく，複数年の税効果を認めることにさほどの違和感は生じないはずである。

　監査法人とは長く誠実なお付き合いをさせていただいている中で，「当社のビジネスを十分に理解している監査法人が，今リスクを取らないでいつリスクを取るのか」といったら言い過ぎであろうか。

【図表6-7】会社分類と繰延税金資産の推移

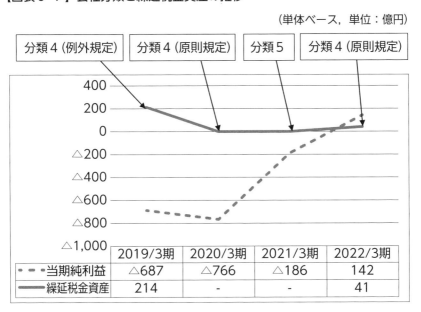

（単体ベース，単位：億円）

5 振り返り

(1) 事業計画の説明

　やはり，事業計画（将来の課税所得）を合理的に説明するために，まずは実績づくりが肝要である。

　一般的に，監査法人は会社の将来性には必ずしも明るくはないため，会社により事業計画が具体的に説明され，過去の実績に基づいて論理的に数値が積み上がれば，それなりの腹落ち感が得られ，事業計画が承認される場合が多い。

　特に経営危機にある当社のような場合，足元の計画値の達成度が芳しくなければ，事業計画が承認されることは極めて困難なものとなる。

　加えて，事業計画は「経営者の思い」を表現したものであるから，やはり会社の熱意や意気込みといった要素も必要である。

　決して強い口調や表現で説明するというのではなく，理路整然と，また，「経営者の思い」について一点の曇りもなく達成するというような強い意志を持って説明しきることが求められる。

(2) 暴れる数字

　繰延税金資産の計上による純資産の増加は喜ばしいことではあるが，業績不調となれば繰延税金資産の取崩しにより向かい風となる一方，業績が回復すれば繰延税金資産の計上により一転して追い風となるという税効果会計の怖さを身をもって知ることとなった。

　ましてや，当社は抜本的施策の一環として実施した減資により税務上の中小会社に該当し，欠損金の控除が100％認められるため，従前にまして繰延税金資産が多額に計上されることとなる。

　まさしく，繰延税金資産によって業績の好不調時に数字が暴れてしまうのである。

　課税所得の見積期間については，5年ではなく3年くらいがちょうどいいといったような意見が当社の経理メンバーにより発せられたが，まさしく偽らざる本音であろう。

　やはり，繰延税金資産に一喜一憂することなく，着実に利益を計上することにより地道に純資産の積上げを目指すことこそが，ビジネスの本道であろう。

第7章

固定資産の減損損失

1 背　景

(1) 会計上の見積項目

　会計上の見積項目は，決算時の重要な検討課題となる場合が多い。

　2021年 3 月期においては，前述した補修工事関連損失引当金や空室損失引当金などのほか，ASEAN諸国などの海外にグループ会社（関係会社）も多数あったことから，グループ会社ごとの会計上の見積項目も検討課題となった。

　これら，グループ会社における会計上の見積項目のうち，対象項目の金額が特に大きかったのが，Leopalace Guam Corporation（レオパレスリゾート　グアム，以下「LGC」という）が所有する有形固定資産であった。

(2) LGC

　LGCは当社の100％子会社として，グアムにおいてリゾート施設の運営を行っている。2021年 3 月期現在の有形固定資産残高は200億円弱である。

　同社はリゾート事業の一環として設立され，グアム中央部の丘陵に立地し，ホテル事業のほかコンドミニアムの賃貸や富裕層向けの住宅分譲を行っている。敷地内にはゴルフ場（36ホール），ウォータースライダー付プール，サッカー場，野球場などが備えられ，Jリーガーやプロ野球の選手のキャンプ地としても利用されていた。

　筆者も一度，訪問したことがあるが，「メダリオンフロア」と呼ばれるスイートルームを備えた高級感あるフロアが増設された直後であった。こうしたホテル事業の深掘りが図られてはいたが，やはり，ホテル事業

に係る設備投資金額が大きいため，相当程度の償却負担があった。

(3)　監査と有価証券報告書レビュー

　LGCの有形固定資産については，償却負担の大きさに鑑み，事業の好不調にかかわらず，従前より減損の兆候や認識の判定が行われていた。ただし，結果として減損不要という判断がなされ，監査法人もこれを承認していた。

　ところが，監査法人による監査とは別に，当局（関東財務局）による当社の2018年3月期の有価証券報告書がレビュー対象として選定され，LGCの有形固定資産の減損損失に係る会計処理・開示がレビュー対象項目となった。

　レビュー対象とされた項目はこれに限らず，さまざまな項目が対象となったが，翌期に係るフォローアップ・レビューを含め，最後までレビュー対象項目として残ったのがLGCの有形固定資産であった。

　当局のレビューはある意味，監査法人による監査よりも厳格であり，このレビューによって有価証券報告書に係る訂正報告が必要となるケースは枚挙にいとまがないというような話も聞いている。当局には監査法人からの出向者も多数在籍し，会計処理・開示についてのテクニカルなノウハウが蓄積されており，その質問はシリアスなものも多く，当局からの質問⇒質問に対する回答⇒当局からの追加質問⇒……といったプロセスにより，数往復にわたっての質問回答が続く。

　レビューが入った時期は2019年3月期であり，まさしく当社が一連の施工不備問題に揺れた時期であった。経理部署も補修工事関連損失引当金やGC注記の検討などでてんてこ舞いだったので，これには閉口せざるをえなかった。

　不祥事を起こした企業として，当局の関心をひいてしまったかのようであった。なるほど，筆者の監査法人時代においても，不祥事を起こし

た担当会社の監査に対して，いわゆる金融庁検査（公認会計士・監査審査会による検査）が入ったことを思い出した。

【図表7-1】監査法人による監査と当局による有価証券報告書レビュー

対象となる項目や監査・レビューの内容は重複する

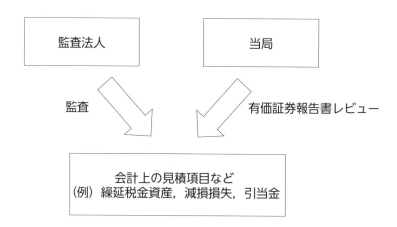

2 会計基準

(1) 資産のグルーピング

　減損損失を認識するかどうかの判定と減損損失の測定において行われる資産のグルーピングは，他の資産または資産グループのキャッシュ・フローからおおむね独立したキャッシュ・フローを生み出す最小の単位で行う（固定資産の減損に係る会計基準二6）。

　グルーピングに際してのポイントは「最小」のキャッシュ・フロー生成単位という点であり，むやみに一括りにできないことである。

　グルーピングに係る興味深い論点の1つとして，例えば，小売業で複

数の店舗が同一地域に配置されており，ある店舗が閉店すると他の店舗の売上が大きく増加するなど，それぞれが相互補完の関係にある場合，他の店舗とグルーピングを行うようなケースがある（固定資産の減損に係る会計基準の適用指針第7項(2)，第70項(2)）。

　当社の場合，ホテル業が主力事業であり，グルーピングについては特段の検討課題は認められなかった。

【図表7-2】減損処理のフロー

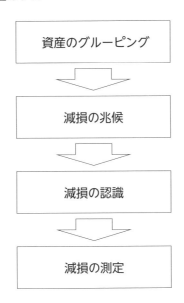

(2)　減損の兆候

　資産・資産グループに，例えば以下のような減損の兆候（減損が生じている可能性を示す事象）がある場合には，減損損失を認識するかどうかの判定を行う（固定資産の減損に係る会計基準二1）。

　①　資産・資産グループが使用されている営業活動から生ずる損益ま

たはキャッシュ・フローが，継続してマイナスとなっているか，あるいは，継続してマイナスとなる見込みであること

② 資産・資産グループが使用されている範囲・方法について，回収可能価額を著しく低下させる変化が生じたか，あるいは，生ずる見込みであること

③ 資産・資産グループが使用されている事業に関連して，経営環境が著しく悪化したか，あるいは，悪化する見込みであること

④ 資産・資産グループの市場価格が著しく下落したこと

このうち，より典型的な事例は①の営業損益または営業キャッシュ・フローのマイナスであろう。

当社に即していえば，ホテル事業に係る営業損益の赤字が続くというようなケースである。ただし，当社の場合，減損の兆候に関しても前述の資産のグルーピングと同様，特段の論点は認められず，判定は比較的容易であった。

【図表7-3】減損の兆候

(3) 減損の認識

減損の兆候がある資産・資産グループについての減損損失を認識する

かどうかの判定は，資産・資産グループから得られる割引前将来キャッシュ・フローの総額と帳簿価額を比較することによって行い，資産・資産グループから得られる割引前将来キャッシュ・フローの総額が帳簿価額を下回る場合には，減損損失を認識する（固定資産の減損に係る会計基準二２）。将来キャッシュ・フローは，企業に固有の事情を反映した合理的で説明可能な仮定・予測に基づいて見積る（固定資産の減損に係る会計基準二４）。

　将来キャッシュ・フローは事業計画を基礎として算定されるため，合理性のある事業計画の策定が必要となるが，事業計画について監査法人などの第三者の納得感が得られるかどうかが，減損会計において最も苦心するところであり，当社においても丁寧な説明が必要となった。

　なお，減損損失を認識するかどうかを判定するために割引前将来キャッシュ・フローを見積る期間は，資産の経済的残存使用年数，または資産グループ中の主要な資産の経済的残存使用年数と20年のいずれか短いほうとする（固定資産の減損に係る会計基準二２）。

　ホテルの経済的耐用年数は，木造などを除けば20年を超えるため，20年が見積期間となる。

　ただし，一般的に10年先など遠い将来は見積りが難しいため，例えば，事業計画は５年分のみ作成し，６年目以降は５年目の計画を横置きする場合も多い。

【図表7-4】減損の認識

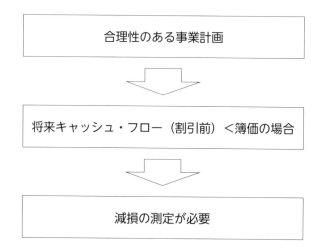

(4) 減損の測定

　減損損失を認識すべきであると判定された資産・資産グループについては，帳簿価額を回収可能価額まで減額し，その減少額を減損損失として当期の損失とする（固定資産の減損に係る会計基準二3）。

　回収可能価額とは，正味売却価額と使用価値のいずれか高いほうの金額をいう。正味売却価額とは，時価から処分費用見込額を控除して算定される金額をいい，使用価値とは，継続的使用と使用後の処分によって生ずると見込まれる将来キャッシュ・フローの現在価値をいう（固定資産の減損に係る会計基準（注1））。

　なお，使用価値の算定に際して用いられる割引率は，貨幣の時間価値を反映した税引前の利率とする（固定資産の減損に係る会計基準二5）。

　当社の場合，減損の認識の検討において割引前将来キャッシュ・フローが簿価を上回り，結果として減損の測定までには至らなかった。

【図表7-5】減損の測定

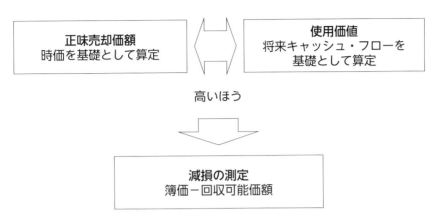

3　会計実務

(1)　減損の認識

　LGCの有形固定資産に係る減損の検討に際して，最大の課題となったのが減損の認識である。減損の認識においては割引前将来キャッシュ・フローが見積られるが，その基礎となる事業計画に係る合理性が十分に確保されているかどうかについて，監査法人や当局によって入念に検証されたのである。

　事業計画の検証は事前の検証と事後の検証によって行われるが，将来のことは神のみぞ知りうるのであり，他の見積項目と同様，事前の検証手段は限定的となるため，事後の検証が重要性を増すことになる。

①　事前の検証

　事業計画は基本的に過去の実績を基礎として，これに将来予測を加味

して作成される。

　まず，売上や売上原価については数量×単価で積上計算されているか，またその増減理由が明確であるかなどについて検証される。当社の場合，宿泊，料飲，ゴルフなどが主たる売上・売上原価を構成し，各々が検証の対象となった。

　次に，販売費及び一般管理費についても科目ごとに積上計算されているかが検証された。

　事業計画に係る合理性確保のためには，これら積上計算の妥当性や増減理由の合理性などを含む整合性に留意することが必要であり，事前の検証は事業計画に係る整合性の検証を中心に行われる。数値の不整合や計算ミスなどあってはならない。

　当社においても，事業計画上の前提となる事項と諸数値との整合性や事業計画の数値間の整合性，内訳項目上，「その他」に集計された項目の内容などが検証された。

②　事後の検証

　事業計画の合理性に係る事後における重要な検証項目として，予実比較が実施された。

　前述したように，事業計画の合理性に係る事前の検証手段は限られるため，事後の検証手段として予実比較は強力な検証手段となる。そのため，事前の検証後のフォローアップのための検証は，監査法人であれ当局であれ，必ず実施されることになる。

　仮に実績値が計画値から乖離した場合，特に計画未達となった場合においては，乖離した要因やそれが将来に及ぼす影響が慎重に確かめられることになる。

　一方，計画過達，すなわち実績値が計画を上回った場合には，それほどの追及は受けないことになる。

【図表7-6】事業計画の検証

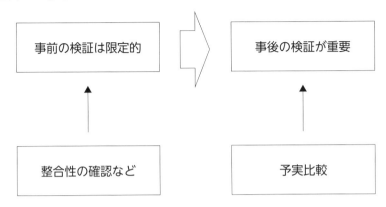

(2)　その他の論点

①　割引率

　資産・資産グループ中の主要な資産の経済的残存使用年数が20年を超える場合には，20年経過時点の回収可能価額を算定し，20年目までの割引前将来キャッシュ・フローに加算する（固定資産の減損に係る会計基準（注4））。

　この場合に用いられる割引率については，親会社である当社で用いる割引率の利用が検討された。LGCの資金調達はLGC単独ではなく，当社を通じて行われるため，当社の資金調達コストを反映させるのが合理的と判断したためである。

②　正味売却価額

　重要性の認められない有形固定資産であれば，公示価格や路線価などを用いて測定することが可能である。ただし，LGCの有形固定資産は簿価が200億円程度と相当程度の金額的重要性が認められたため，念のため不動産鑑定書の入手も検討された（固定資産の減損に係る会計基準の

適用指針第28項)。

とはいえ，対象資産は海外にあり，また規模も大きく鑑定費用も多額となることが見込まれたため，鑑定は見送られた。

4 監査法人との協議

前述したように，LGCにおいて論点となったのは，減損の認識の検討時に算定される割引前将来キャッシュ・フローの基礎となる事業計画の合理性であった。

検証には事前の検証と事後の検証とがある。

(1) 事前の検証

事業計画に対する事前の検証は他の見積項目と同様，それほど多くの検証手段があるわけではなく，せいぜい，事業計画が積上げで策定されているかという点と，組織的に決定されているかという点，すなわち，承認手続の妥当性の検証くらいであろうか。

言い換えれば，事業計画の実現可能性などは正直なところ，社外の第三者にわかるはずもない。事業計画の整合性が確保されていれば，一定の腹落ち感は得られるにせよ，それ以上の検証は不可能なのである。したがって，事業計画の整合性さえ確保されていれば，社外の第三者によって事業計画自体が否定されることはない。

当局による有価証券報告書レビューにおいても，LGCの有形固定資産に係る減損処理が検査対象となったものの，従前より監査法人の重点監査項目となっており，毎期減損不要と判断されていた。

そのため，当局から監査法人に対して本件処理の妥当性についての問い合わせはあったものの，特段の課題は検出されなかった（なお，会社が策定した事業計画の合理性に対して，社外の第三者がこれをむやみに

否定できないことについては，第8章「関係会社株式等の減損損失」においても詳述している）。

(2)　事後の検証

　前述のように，会計上の事業計画を含む見積項目については，事前の検証手段が限られているため，事後の検証が重要となってくる。

　具体的には，フォローアップのための検証として，翌期において予実比較が行われることになるが，予実比較の結果，特に予算未達の場合，監査法人や当局の対応が大きく変わってくる。

①　検証手続の厳格化

　仮に，許容範囲を超えるほど実績値が計画値を下回った場合，今後の事業計画の信頼性が損なわれることになる。

　この点，第6章「繰延税金資産の回収可能性」で述べたように，当社は3期連続で実績値が計画値を下回ったことにより，事業計画に対する信頼を喪失し，以降，事業計画の合理性に対する検証手続が厳格化され，事業計画の精度について厳しく問われることになった。

　当社と同様，LGCについても事業計画が順調に達成されることを祈るばかりであった。

②　過年度訂正

　将来の仮定や予測が過大に見積られることで，事業計画の合理性が確保されず，結果として大幅な計画未達を招いてしまうような場合，過年度の会計処理が否定されることも可能性としてはありうる。

　過年度において算定した将来キャッシュ・フローが下方修正され，遡及的に減損処理が必要となるようなケースもありえない話ではない。

　このような遡及修正は会社の経営管理体制にも関わる話であり，信用

144

が大きく失墜した当社にとっては何としても避けなければならない事態であった。

③　改善指導

　一方，予実の乖離度合いが許容範囲に収まっているとはいえ，乖離度合いに一定の重要性が認められるような場合には，監査法人や当局から「指導」が入るかもしれない。

　具体的には，今後の事業計画の策定手続について経理部署ないし担当部署に対する改善指導が行われることになる。

　このように，監査法人と当局による検証というタフな局面に遭遇することとなったものの，結果として実績の大きな下振れもなく，ホッと胸を撫でおろすこととなった。

【図表7-7】事業計画は必ずフォローアップ

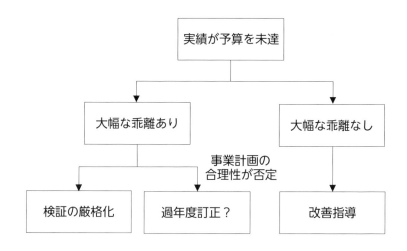

5 振り返り

　正直なところ，この減損対応がある意味，2021年3月期で最もしんどかった決算上の検討課題だったかもしれない。

　監査法人のみならず，当局のレビュー対象ともなり，場合によっては有価証券報告書の訂正というような事態も想定されたが，一連の施工不備問題という不祥事に揺れる当社にとって，これ以上新しいネタを世間に提供するような事態だけは何としても避けたかった。

　減損対応のため，特に留意すべき事項は以下の点である。

(1)　事業計画の合理性確保

　事業計画の合理性を確保するためには，事業計画とその前提となる事象との整合性を確保し，論理的に数値を積み上げ，これら数値間の整合性を確保し，計算ミスや論理的な矛盾のないようにしなければならない。

　事業計画は，場合によっては当局のレビュー対象となることを十分に意識しつつ，念には念を入れて検討するとともに，監査法人と十分な協議を実施することが必要である。

　事業計画の合理性さえ確保できれば，これを監査法人や当局に説明し切ることができ，事業計画が否定されてしまうようなことはありえないのである。

(2)　社内のコミュニケーション

　会社を取り巻く足元の経営環境，事業計画の策定方法，監査法人による事業計画に係る合理性の評価などについて，経営層，経営企画部などの所管部署，事業計画の対象となった現業部署との密接な連携が必要となる。

146

　社内で適時適切なコミュニケーションを図ることにより，常に同じ土俵の上に立ち，最悪の場合，決算書の訂正を迫られるかもしれないというような危機感を共有することも可能となる。

　事業計画の前提となる足元の環境は日々変化するため，期中において事業計画の見直しの検討が必要となる場合もあり，特に，LGCのような海外事業については，どうしても直近の情報入手が遅延しがちなため，定期的な情報交換が欠かせない。

⑶　経営者の思い

　さらに，付け加えるとすれば，事業計画は経営者の思いを反映したものであるから，時にはその思いを経営者自ら第三者に対して熱く語ることも有効である。

　もちろん，事業計画の合理性を確保することが最優先であるが，第三者に対して経営者の思いが伝われば，それだけ事業計画の説得力が増すことになる。

【図表7-8】減損対応の留意事項

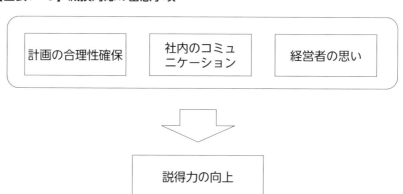

第8章

関係会社株式等の減損損失

1 背 景

(1) 関係会社株式の譲渡

　一連の施工不備問題で会社の屋台骨が揺らぎ，GC注記が付されるか付されないかで監査法人との協議が続く中で，会社再建のための抜本的な諸施策が生み出され，その一環として各種資産の譲渡が検討され，実行されていった。

　「売れるものは何でも売る」というほど極端な状況でないにせよ，会社所有のアパートを含む不動産，上場・非上場の株式，関係会社株式などが相次いで売りに出された。

　当社の関係会社A社も譲渡対象とされたが，新型コロナウイルス感染症の蔓延により大きな打撃を受け，業績が大きく落ち込んでいた。

　A社の株式譲渡に際しては，譲渡先との譲渡契約締結に際し，A社の純資産を基礎として一応の譲渡価額が定められたが，「A社に対するデューデリジェンスに基づく企業価値の査定結果いかんでは譲渡価額の変更もありうる」旨が合意書上，定められていた。

(2) 譲渡価額の引下げ要請

　譲渡契約締結後，ほどなくして，経営企画部長が財務経理部を訪ねてきた。

　譲渡先からA社のデューデリジェンスの結果に係る通知が会社宛てに届いたとのことであった。通知書においては，以下の点についてA社の企業価値の低下がみられるとして，譲渡価額の引下げが要請されていた。

① 固定資産の減損計上漏れ

A社においては足元の業績が計画値を下回っており，帳簿価額を将来キャッシュ・フローを基礎とした回収可能価額まで減額する必要がある旨が指摘された。

② 関係会社株式に係る減損計上漏れ

A社の子会社B社（当社の孫会社）の業績が芳しくなく，事業計画から大きく下振れているため，B社に係る帳簿価額を純資産額まで引き下げるべき旨が指摘された。

しかしながら，経営企画部長としては，経営危機下にある当社の状況に鑑み，余計な出費は許されないのはもちろん，譲渡資産については1円でも高く売るという姿勢を貫くためにも，譲渡先の主張を丸呑みするわけにはいかなかった。

「日野原さん，何とかなりませんか」という，悲痛ともいえる訴えが投げかけられたのである。

経営企画部長たってのお願いである。何としても応えたい。

古臭い表現で恐縮だが，自分の中の男気みたいなものがふつふつと湧き出るのを感じた。

(3) アドバイザリー

譲渡先からの指摘は，会計基準に基づいた専門的な見解に基づいていたが，譲渡先は本件譲渡に際して，監査法人をアドバイザーとして選任していた。

とはいえ，こちらも会計士のはしくれである。プロ同士の戦いとして，負けるわけにはいかない。

ただ，先方は法人組織であるが，こちらは，いわば一匹狼。多勢に無

勢ということもあり，できればこのような戦いは避けたいのも本音で
あった。

(4)　反論書の提出

　それでも，譲渡先が主張する固定資産と関係会社株式に係る減損計上
に対しては，真っ向勝負を挑むこととした。

　いずれの論点も事業計画の下振れに伴う減損損失の必要性の是非であ
るが，事業計画の見直しを要請する譲渡先に対して，その必要はまった
くない旨の書面を譲渡先宛てに提出した。

　後述するように，減損損失に関する会計基準に加え，いわゆるコロナ
禍に係る日本公認会計士協会や企業会計基準委員会からの発出文書を根
拠として，十分な理論構成を練ったうえで反論書の作成に臨んだのであ
る。

(5)　決　着

　この「戦い」にはハンデがあった。当社はいわば満身創痍の身である。
足元を見られて買い叩かれる可能性も十分にあった。

　最終的には，純粋な会計理論のぶつかり合いにとどまらず，会計以外
の要素を多分に含んだ交渉が行われ，まさしく政治的な決着をみた。詳
しくは④「監査法人との協議」（157頁）で詳述する。

【図表8-1】純資産を基礎とした譲渡価額の決定

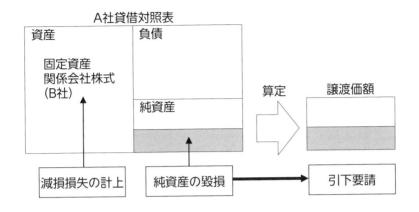

2　会計基準

　本章の主要論点は第7章「固定資産の減損損失」と同様，事業計画の合理性であるが，第7章は監査法人が決算を承認するかどうかという決算手続上の論点であるのに対し，本章は譲渡先との交渉によっては譲渡価額が大きく変わるという取引手続そのものに係る論点であり，決算手続とは異なる緊張感があった。

(1)　固定資産の減損

　固定資産の減損については，第7章に記載のとおり，資産のグルーピングを行った後，
　「減損の兆候」⇒「減損の認識」⇒「減損の測定」
のフローに従って判定を行う（固定資産の減損に係る会計基準）。
　譲渡対象となった関係会社A社の固定資産については，資産のグルーピングを行った結果，すべて共用資産として取り扱われることとなった。

　共用資産とは，複数の資産・資産グループの将来キャッシュ・フローの生成に寄与する資産のうち，のれん以外のものをいう（固定資産の減損に係る会計基準の設定に関する意見書四2(7)①）。例えば，継続的に営業損失を計上しており，「減損の兆候」が認められる場合，「減損の認識」に際しては，会社全体の割引前将来キャッシュ・フローと固定資産の簿価とを比較して判定することになる（固定資産の減損に係る会計基準の適用指針第129項）。

　減損損失を認識すべきであると判定された場合，仮にA社の将来キャッシュ・フローがマイナスであり，正味売却価額も認められなければ，「減損の測定」において，固定資産の簿価全額が減損損失として計上されることになる。

　A社株式の譲渡においては，新型コロナウイルス感染症下における将来キャッシュ・フローの基礎となる事業計画の合理性が問われることとなった（固定資産の減損に係る会計基準二4）。

　A社はコロナ禍により一時的に業績が落ち込んでいるにすぎないと判断されるのであれば，近い将来の業績回復という見積りも十分許容されるはずである。そもそも，譲渡先も業績回復を見込んだからこそA社株式を購入するのであろうから，突拍子もない話ではないはずである。

(2)　関係会社株式の減損

　市場価格のない株式等は取得原価をもって貸借対照表価額とするとされているが（金融商品に関する会計基準第19項），株式の発行会社の財政状態の悪化により実質価額が著しく低下したときは，相当の減額を行い，評価差額は当期の損失として処理（減損処理）しなければならない（金融商品に関する会計基準第21項）。

　財政状態とは，一般に公正妥当と認められる会計基準に準拠して作成した財務諸表を基礎に，原則として資産等の時価評価に基づく評価差額

等を加味して算定した1株当たりの純資産額をいい，財政状態の悪化とは，この1株当たりの純資産額が当該株式を取得したときのそれと比較して相当程度下回っている場合をいう。

また，市場価格のない株式等の実質価額が「著しく低下したとき」とは，少なくとも株式の実質価額が取得原価に比べて50％程度以上低下した場合をいう（金融商品会計に関する実務指針第92項）。

なお，市場価格のない株式等であっても，子会社や関連会社等の株式については，実質価額が著しく低下したとしても，事業計画等を入手して回復可能性を判定できることもあるため，回復可能性が十分な証拠によって裏付けられる場合には，期末において相当の減額をしないことも認められる。

ただし，事業計画等は実行可能で合理的なものでなければならず，回復可能性の判定はおおむね5年以内に回復すると見込まれる金額を上限として行うものとする（金融商品会計に関する実務指針第285項）。

この点，(1)と同様，コロナ禍における事業計画の合理性が論点となるが，B社に係る将来の業績回復を見込むことが十分に想定できたため，事業計画の合理性が確保できれば，評価減も不要となる。

【図表8-2】主要な論点は事業計画の合理性確保

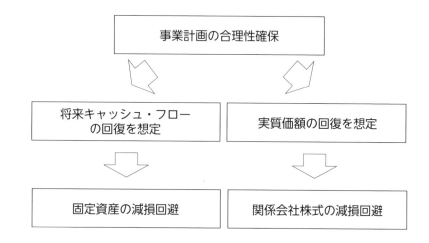

3　会計実務

(1)　事業計画の合理性

　前述したように，固定資産と関係会社株式の減損については，いずれも事業計画の合理性が求められる。事業計画の策定にあたっては，その論理構成に矛盾のないことが肝要であり，事業計画の基礎となるデータと企業内外の環境との整合性に留意しつつ，適切に積み上げられ，事業計画内においても整合性が確保されていることが必要となる。

　誤解を恐れずにいえば，論理性さえ確保されていれば，第三者が事業計画の合理性に異議を唱えることはできないのである。

　この点，有価証券報告書に対する金融庁検査もまったく同じことがいえ，会社の方針や見通しそのものが直接否定されるようなケースはまずないものと考えられる。

(2)　コロナ禍での見積り

　A社においては，新型コロナウイルス感染症の拡大により，事業計画の策定はますます難しいものとなってきた。

　このような禍いは事業計画を作成する会社も，これを検証する監査法人もはじめてのことで，まさしく試行錯誤の連続であった。

　そのような状況下において，日本公認会計士協会は会員向けに，2021年3月2日付で「新型コロナウイルス感染症に関連する監査上の留意事項（その7）」を発出した（一部抜粋，下線は筆者）。

- 企業が置いた一定の仮定が明らかに不合理である場合を除き，最善の見積りを行った結果として見積もられた金額については，<u>事後的な結果との間に乖離が生じたとしても，「誤謬」には当たらない</u>。
- 監査人が，経営者の<u>過度に楽観的な会計上の見積り</u>を許容することや，<u>過度に悲観的な予測</u>を行い，経営者の行った会計上の見積りを重要な虚偽表示と判断することは<u>適切ではない</u>。
- 会計上の見積りの不確実性が財務諸表の利用者等の判断に重要な影響を及ぼす場合には，企業による<u>見積りに関連する情報の開示</u>を通じて，有用な情報を提供することを検討する。

　併せて企業会計基準委員会からも，以下の451回議事概要が公表された（一部抜粋，下線は筆者）。

- (1) 「財務諸表作成時に入手可能な情報に基づいて，その合理的な金額を算出する」上では，新型コロナウイルス感染症の影響のように<u>不確実性が高い事象についても，一定の仮定を置き最善の見積りを行う必要がある</u>ものと考えられる。
- (2) 一定の仮定を置くにあたっては，外部の情報源に基づく客観性のある情報を用いることができる場合には，これを可能な限り用いることが望ましい。ただし，新型コロナウイルス感染症の影響については，

> 会計上の見積りの参考となる前例がなく，今後の広がり方や収束時期等について統一的な見解がないため，外部の情報源に基づく客観性のある情報が入手できないことが多いと考えられる。この場合，新型コロナウイルス感染症の影響については，<u>今後の広がり方や収束時期等も含め，企業自ら一定の仮定を置く</u>ことになる。
>
> ⑶ 企業が置いた一定の仮定が明らかに不合理である場合を除き，最善の見積りを行った結果として見積もられた金額については，<u>事後的な結果との間に乖離が生じたとしても，「誤謬」にはあたらない</u>ものと考えられる。
>
> ⑷ 最善の見積りを行う上での新型コロナウイルス感染症の影響に関する一定の仮定は，企業間で異なることになることも想定され，同一条件下の見積りについて，見積もられる金額が異なることもあると考えられる。このような状況における会計上の見積りについては，どのような仮定を置いて会計上の見積りを行ったかについて，<u>財務諸表の利用者が理解できるような情報を具体的に開示</u>する必要があると考えられ，重要性がある場合は，追加情報としての開示が求められるものと考えられる。

　要は，事業計画の策定を含む会計上の見積りにおいて，策定者は最善を尽くし，これを適切に開示しさえすれば，結果責任は問われないのであって，監査法人による過度な検証を戒めたものである。事実，コロナ禍で大きな影響を受けた外食，宿泊，運輸などといった業界ですら，例えば，監査法人に迫られて多額の減損処理を行ったというような事例など聞いたことがない。

　A社はまさにコロナ禍の影響を直接的に受けており，そのような状況下で策定された事業計画の合理性を頭ごなしに否定されるようなことは，あってはならないのである。

⑶　正解のない見積り

　事業計画は経営者の「思い」である。思いは人それぞれであり，唯一

の正解など存在しない。

　事業計画の策定側の見解とこれを検証する側の見解の双方が正しいのかもしれない。

　だからこそ，事業計画はきっちりと論理だてて策定される必要があり，このように策定された事業計画がむやみに否定されることはありえないのである。

　これらの事実を背景にして，当社の事業計画はコロナ禍においてもなお，十分な合理性を有しており，したがって固定資産と関係会社株式のいずれについても減損の必要はない旨の反論書を譲渡先に提出した。

【図表8-3】コロナ禍における事業計画

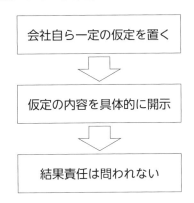

4　監査法人との協議

(1)　敵は監査法人

　前述したように，譲渡先は監査法人をアドバイザーとして選任してい

158

た。先方も驚いたかもしれない。監査法人のいわば「お墨付き」を得た譲渡価額の引下要請に対して，立場の弱い譲受元からまさかの反論を受けたのである。しかも，監査法人出身者から。

ここにきて，先方はむきになってきた。ほどなくして，当社の反論に対して，さらに反論書が送られてきたのである。なかなかの長文であり，力作といえるかもしれない。

ただ，いくら文章が長くとも，要は中身である。当社が策定した事業計画の合理性を，さしたる根拠もなく長々と否定しているだけにしか思えなかった。

繰返しになるが，会社が論理的に構築した事業計画について，たとえ監督官庁であっても，はなからこれを否定することなど土台無理なのである。

当社は重ねての反論書を提出した。

(2)　相手の主張は関係ない

勝算はあった。

当社が論理的に積み上げた事業計画に対して，相手が論理で攻めてきたら，こちらも論理で押し返せばよい。司法とは異なり，民間事業者同士の会計理論に係る争いに裁判官などいない。

ましてや，A社は当社の関係会社である。その事業内容を熟知し，コロナ禍であることを除けば，事業計画を論理的に積み上げることにさしたる労力も必要なかった。

しかも，事業計画に対して，コロナ禍に係る会計上の見積りに対して第三者が過度に悲観的な見積りを行って批判することは許されないのである。

加えて第7章「固定資産の減損損失」で記載したように，当社は事業計画に係る合理性の主張を理路整然と行うことについては，当局の有価

証券報告書レビューによって鍛えられていた。

さらに，当社の監査法人からも当社の行う主張の妥当性について，非公式ではあるが「特に異論はない」旨のコメントも入手できた。

もちろん，財務諸表の適正性についてのみ意見表明を行う監査法人が監査対象以外の項目に対して書面により見解を述べることなど不可能なことではあるが，一般論として専門家の意見を求めることについては，監査法人が会社の意思決定に関与するわけでもなく，特段の問題はない。

当社からの再度の反論書には，「貴社がどのようなご見解を有するにせよ，弊社の考え方に変更はない旨，ご承知おき願います」とのコメントを書き添えた。

(3)　政治的決着

もはや，当社の再度の反論に対して，さらなる反論書が届くことはなかった。

しばらくしてから，経営企画部長から連絡が入った。

「日野原さん，先方から泣きが入ってきました。譲渡先において譲渡価額は既定路線のようで，今さら大幅な譲渡価額の変更は難しいようです。とはいえ，『貴社の立場もあるでしょうから，譲渡価額を×××円まで引き上げるというのはいかがでしょうか』との妥協案が提示されました」

当社の主張する譲渡価額には及ばなかったが，たとえ少額とはいえ引上げが認められたのであるから，どうやらここが「落としどころ」らしい。

思わず，経営企画部長と手を握り合った。

この経営企画部長とは，その後，別件ではあるが，同じ事業計画絡みで社外との交渉が順調に進み，再度握手を交わすことになった。

経営企画部長が言った。

160

「こうした小さな成功体験の積重ねが大きな成功へとつながることになります。当社はきっと復活しますよ」

何とも意味深く前向きな発言である。

しばらくの間，ひとつの山を乗り越えたことで充実感に満ちた日々を送ることができた。

【図表 8-4】論理には論理を

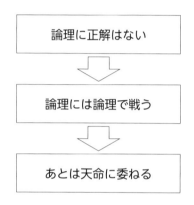

5 振り返り

(1) 思いは大切

経営危機下にある当社において，とにかく余計な出費は避けたかった。たとえ，それが金額的に僅少であっても会社に貢献したかった。

意地もあった。論理で同業者に負けたくなかった。

この点，税務調査も同じかもしれない。

無用のキャッシュの流出は許されないという思い。あとは，理論武装。

一連の施工不備問題を機に，当社にコンプライアンス推進本部が設置

され，複数の社内弁護士も在籍することとなり，税法を含む法令遵守に
必要な体制強化が図られた。

　経理マンとしての思いと理論武装とで当社の見解が税務当局に認められ
ることも十分にありうる。

(2)　備えも大切

　期末決算や四半期決算における個々の会計・監査上の検討事項に臨む
に際し，1つひとつ丁寧に会計基準に当たり，必要に応じて監査法人と
協議を行う。

　この日々の地道な研鑽の積上げこそが，理論武装に必要となる論理力
を鍛えるための重要な下地となる。

　第三者との交渉事には，こうした普段からの備えも欠かせない。

　基礎的な体力づくりのための近道などはないのである。

(3)　成功体験の積上げ

　もはや譲渡先から反論もなく，経営企画部長と固い握手を交わすこと
ができた。譲渡価額は若干の引上げに過ぎなかったが，会計の専門家と
しては満足な結果に持ち込むことができた。

　結局，別件も含めて経営企画部長とは合わせて4度の握手を交わすこ
ととなった。

　小さな成功体験が大きな成功を導く。あとは会社の完全復活を祈るば
かりである。

【図表 8 - 5】 1 つひとつ積み上げていく

| 経理マンとしての思い | 地道な研鑽による理論武装 |

| 成功体験の積上げ |

第9章

収益認識

1 背　景

⑴　収益認識基準

　「収益認識に関する会計基準」（以下「基準」という），「収益認識に関する会計基準の適用指針」（以下「適用指針」という）が制定され，当社は2022年3月期から適用となった。

　わが国の収益に関する会計基準は，従前，系統立てて設定されていなかったが，国内外の企業間の財務諸表の比較可能性確保の観点から，国際財務報告基準（IFRS）第15号「顧客との契約から生じる収益」を基本的に踏襲する形で一本化され，制定された。

　今後，他のIFRSもわが国の会計基準として順次取り入れられ，日本の会計基準がいつの間にかIFRSと同等なものとなるような日が来るのであろうか。

　なお，法人税法も大きな歩み寄りを見せ，本基準を原則としてそのまま受け入れることとなった。

⑵　新制度は先取り

　会計基準に限らず，新しい制度はなるべく早く「もの」にすべきである。

　新制度では会社の業務に対して広範囲に影響を及ぼすケースもあり，これを社内の各部署で共有し，各業務フローに反映させた内部統制を構築するほか，システムについては，試行期間を考慮すると新制度適用までにそれほど余裕がない場合も多いため，対応が後手に回らないようにしなければならない。

　新制度をいち早くものにすることで，制度対応に早々に着手できるこ

とはもちろん，新制度の第一人者となり，社内において頼られる存在として自己の存在価値が高められることにもなる。

　筆者も，収益認識関連の書籍が出版されるや否や書店に直行し，専門誌やネットなどからの情報入手にも努めた。

　いわゆるJ-SOX（財務報告に係る内部統制）の制定時に，監査法人としてクライアントに対して内部統制導入をサポートすることとなり，書籍購読はもちろん，外部セミナーへの参加，監査法人内のプロジェクトチーム参画など，あらゆる手段を講じて最新の情報入手に努めた。

　こうして，それなりの知識やノウハウが蓄積されると，もともと内部統制に苦手意識はなかったが，自信をもってクライアントへのサポートに臨むことができた。

　ただ，J-SOX導入後も会計不正が散見され，どれほど有益な制度なのかと疑問に思わなくもなかったが，新制度を早期にマスターすることによって制度に振り回されないことが可能となったのである。

　金融商品取引法や会社法などの改正を含めて，新制度対応に早すぎるというようなことはない。

(3)　理解の困難さ

　それにしても，この基準はわかりづらい。「5つのステップ」，「履行義務」など聞いたこともない言葉が飛び交い，各ステップでさまざまな適用要件が付される。

　そもそも，売り手自らが主体的に財・サービスの提供を図る状況において，何ゆえわざわざ収益を「義務」という観点から捉えなければならないのか。少々ひねくれてはいないだろうかなどと勘繰ってしまう。

　これに限らず，どうもこの基準には腹落ち感がない。

　大昔の話で恐縮だが，公認会計士試験に際して学習した会計学の教科書に，たしか「収益獲得プロセスの中で，収益獲得が確実となった段階

において収益が認識される。」というような記載があったと記憶しているが，なるほど納得感があり，以降これを拠り所にして実務に当たっていた。

　IFRSで頻出する「公正価値」という言葉にも違和感を覚える。「公正」かどうかは神のみぞ知るのであり，われわれ人類が「公正」かどうかを判断するなど，ずいぶんと不遜な話ではないだろうか。どうも欧米人の発想や思想には付いていけないところがある（少々言い過ぎた感もあるが，要は制度や基準といったものは絶対ではなく，鵜呑みにせず，自分の頭で考えることが肝要というのが発言の趣旨である）。

　とはいえ，愚痴ばかり言ってもしょうがないので，基準導入に向けて，早々に着手していくことにした。

【図表9-1】新制度は早期に対応

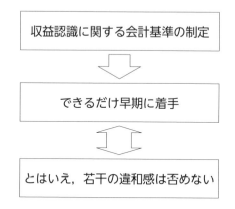

2　会計基準

　当社の主たる事業である賃貸事業において，本基準設定による影響を

大きく受けたのは以下の2項目であった。

(1)　一定期間にわたり認識するか一時点で認識するか

　基準第35項以降において，一定期間にわたり収益を認識するか，一時点で収益を認識するかについては以下のように定められている（一部省略，下線は筆者）。

---

(5)　履行義務の充足による収益の認識

35.　企業は約束した財又はサービス（本会計基準において，顧客との契約の対象となる財又はサービスについて，以下「資産」と記載することもある。）を顧客に移転することにより履行義務を充足した時に又は充足するにつれて，収益を認識する。資産が移転するのは，顧客が当該資産に対する支配を獲得した時又は獲得するにつれてである。

36.　契約における取引開始日に，第38項及び第39項に従って，識別された履行義務のそれぞれが，一定の期間にわたり充足されるものか又は一時点で充足されるものかを判定する。

37.　資産に対する支配とは，当該資産の使用を指図し，当該資産からの残りの便益のほとんどすべてを享受する能力（他の企業が資産の使用を指図して資産から便益を享受することを妨げる能力を含む。）をいう。

（一定の期間にわたり充足される履行義務）

38.　次の(1)から(3)の要件のいずれかを満たす場合，資産に対する支配を顧客に一定の期間にわたり移転することにより，一定の期間にわたり履行義務を充足し収益を認識する。

(1)　企業が顧客との契約における義務を履行するにつれて，顧客が便益を享受すること

(2)　企業が顧客との契約における義務を履行することにより，資産が生じる又は資産の価値が増加し，当該資産が生じる又は当該資産の価値が増加するにつれて，顧客が当該資産を支配すること

(3)　次の要件のいずれも満たすこと

　①　企業が顧客との契約における義務を履行することにより，別の用途に転用することができない資産が生じること

168

② 企業が顧客との契約における義務の履行を完了した部分について，対価を収受する強制力のある権利を有していること

(一時点で充足される履行義務)

39. 前項(1)から(3)の要件のいずれも満たさず，履行義務が一定の期間にわたり充足されるものではない場合には，一時点で充足される履行義務として，資産に対する支配を顧客に移転することにより当該履行義務が充足される時に，収益を認識する。

40. 資産に対する支配を顧客に移転した時点を決定するにあたっては，第37項の定めを考慮する。また，支配の移転を検討する際には，例えば，次の(1)から(5)の指標を考慮する。

(1) 企業が顧客に提供した資産に関する対価を収受する現在の権利を有していること

(2) 顧客が資産に対する法的所有権を有していること

(3) 企業が資産の物理的占有を移転したこと

(4) 顧客が資産の所有に伴う重大なリスクを負い，経済価値を享受していること

(5) 顧客が資産を検収したこと

このように，資産に対する支配の顧客への移転に着目し，一定の要件を充足した場合は一定期間にわたり収益を認識し，それ以外は一時点で収益を認識することになる。

この基準に従い，当社の賃貸事業において従前，一時点で認識していた礼金などの取引が，一定期間にわたり収益を認識するように見直された（③(1)「一定期間にわたり認識するか一時点で認識するか」(170頁)参照）。

(2) 本人か代理人か

適用指針第39項以降において，本人として収益を認識するか，代理人として収益を認識するかについては以下のように定められている（一部省略，下線は筆者）。

(2)　本人と代理人の区分

39.　顧客への財又はサービスの提供に他の当事者が関与している場合において，顧客との約束が当該財又はサービスを企業が自ら提供する履行義務であると判断され，企業が本人に該当するときには，当該財又はサービスの提供と交換に企業が権利を得ると見込む対価の総額を収益として認識する。

40.　顧客への財又はサービスの提供に他の当事者が関与している場合において，顧客との約束が当該財又はサービスを当該他の当事者によって提供されるように企業が手配する履行義務であると判断され，企業が代理人に該当するときには，他の当事者により提供されるように手配することと交換に企業が権利を得ると見込む報酬又は手数料の金額（あるいは他の当事者が提供する財又はサービスと交換に受け取る額から当該他の当事者に支払う額を控除した純額）を収益として認識する。

43.　顧客への財又はサービスの提供に他の当事者が関与している場合，財又はサービスが顧客に提供される前に企業が当該財又はサービスを支配しているときには，企業は本人に該当する。他の当事者が提供する財又はサービスが顧客に提供される前に企業が当該財又はサービスを支配していないときには，企業は代理人に該当する。

47.　第43項における企業が本人に該当することの評価に際して，企業が財又はサービスを顧客に提供する前に支配しているかどうかを判定するにあたっては，例えば，次の(1)から(3)の指標を考慮する。

(1)　企業が当該財又はサービスを提供するという約束の履行に対して主たる責任を有していること。これには，通常，財又はサービスの受入可能性に対する責任（例えば，財又はサービスが顧客の仕様を満たしていることについての主たる責任）が含まれる。

(2)　当該財又はサービスが顧客に提供される前，あるいは当該財又はサービスに対する支配が顧客に移転した後（例えば，顧客が返品権を有している場合）において，企業が在庫リスクを有していること

(3)　当該財又はサービスの価格の設定において企業が裁量権を有していること

　このように，主たる責任・在庫リスク・価格裁量権などの有無を考慮して，本人か代理人かを判断し，本人であれば対価の総額で収益を認識し，代理人であれば支払額を控除した純額で収益を認識することになる。

　この基準に従い，当社の賃貸事業において従前，総額で収益を認識していた映像コンテンツ提供サービスなどの取引が，代理人に該当するものと判断され，純額での収益認識に見直された（③(2)「本人か代理人か」（171頁）参照）。

【図表9-2】要件に従って収益認識

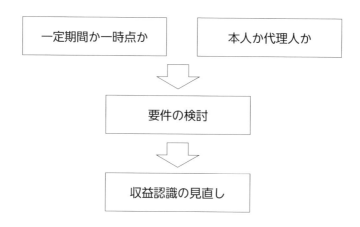

3 　会計実務

(1)　一定期間にわたり認識するか一時点で認識するか

① 　礼　金

　当社の賃貸事業において，アパートの入居者からの礼金については，従来，賃貸借契約後の入金時に売上計上されていた。

　しかしながら，入居者は入居期間にわたって入居サービスの提供を受けるため，本基準に従い，一定期間にわたり収益を認識すべきであると判断され，入居者の平均入居期間で按分して売上計上するように見直された。

②　値　引

　アパートの賃貸料について，例えば入居開始月の賃貸料を値引きする場合，従来は値引対象月に値引処理を行っていた。

　しかしながら，上記と同様，入居者は入居期間にわたって入居サービスの提供を受けるため，本基準に従い，一定期間にわたり値引処理すべきであると判断され，入居者の平均入居期間で按分して控除するように見直された。

(2)　本人か代理人か

①　映像コンテンツ提供（VOD：ビデオ・オン・デマンド）サービス

　当社の賃貸事業において，アパートの入居者に対して，映画やテレビドラマなどの映像コンテンツの提供を行っており，従前においては入居者からの受取額をそのまま売上計上していた。

　しかしながら，このサービスは，あくまでも他社が提供するサービスを，当社が窓口として入居者へ手配しているものであり，主たる責任や在庫リスクを負わない。

　したがって，このサービスを当社が支配しているわけではなく，当社は代理人に該当すると判断され，入居者からの受取額から支払額を差し引いた純額で売上計上するように見直された。

②　物品販売サービス

　当社はアパートの入居者向けに家具家電や食料品などの物品販売を

行っており，従前においては入居者からの受取額をそのまま売上計上していた。

　しかしながら，このサービスについても，あくまでも他社が提供するサービスを，当社が窓口として入居者へ手配しているものであり，主たる責任や在庫リスクを負わない。

　したがって，このサービスを当社が支配しているとはいえず，当社は代理人に該当すると判断され，純額で売上計上するように見直された。

【図表9-3】基準に従い売上計上を見直す

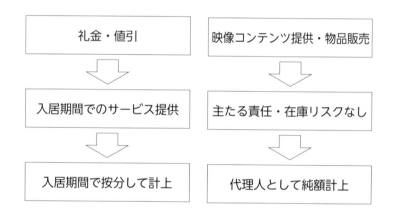

4　監査法人との協議

(1)　監査法人との協議

　本基準適用については，監査法人との綱引きはほとんどなかったといえる。

　早い段階から当社監査法人の系列アドバイザリー会社と基準適用に係

るアドバイザリー契約を締結し，基準の当社への落とし込みを図り，現業部署との協議を含めて論点の潰し込みを行った。

したがって，2022年3月期の適用年度を迎えるにあたって，監査法人とシリアスな協議が交わされたり，社内で混乱が生じるといったことはまったくなかった。

それよりもやはり，以下に記載のように，全社ベースの協力を仰ぐための社内の啓蒙活動や情報システム部との協議に多くの時間を割くこととなった。おそらく，他社も同様であろうが，会計基準に対する全社ベースでの取組みというのは，いわゆるJ-SOX以来ではないだろうか。

(2)　社内の啓蒙

本基準の円滑な適用のためには，全社的な協力を仰ぐことが不可欠である。すなわち，現業部門に加えて，グループ会社，情報システム部，監査部など多くの部署が関わることになる。

したがって，まずは入り口として監査法人による説明会を実施した。

当社に入社してはじめてわかったことだが，経理部署に限らず，ほぼすべての部署といっていいだろうが，監査法人のいうことは，とにかく「よく聞く」のである。親の忠告には耳を傾けないが，友人の話は「よく聞く」といった類の話であろうか。

関係各部署の担当者や責任者に対して出席を要請し，社長自ら出席者向けに本基準の適用は全社的な取組みが必要である旨を説明してもらい，質疑応答を含め，説明会は盛況のうちに終えることができたように思う。

また，定期的に発信している財務経理部の社内報においても，特集記事を連載で掲載した。前述した礼金，値引，映像コンテンツ提供サービスなどを題材として会社の実務に落とし込むことで，基準の理解が深まるよう記事の内容に工夫を重ねた。それなりの出来栄えとなったため，記事の発信後も多くの場面で活用されることになり，理解の促進に大い

に役立ったと思われる。

　社内報の作成のためには，まず，経理部員が基準を十分に理解することが前提となるため，経理部署全体のレベルアップにも寄与することとなった。

(3)　情報システム部との連携

　適用年度における会計処理の検討はもちろん，本基準適用前において，あらかじめ基準適用による金額的な影響額を把握しておく必要がある。

　特に，経営危機下にある当社にとって，基準適用による損益や純資産などへの影響は再建計画に大きな影響を与え，死活問題となる可能性もあった。しかも，基準適用当初はマイナス影響が予想されたため，早々に算定しなければならない。

　特に，情報システム部に対しては強く協力要請を行わなければならなかった。当社の賃貸戸数は56万戸に及ぶため，膨大な処理件数が想定され，しかも，例えば値引きひとつとっても，いろいろな取引パターンがあるため，同部の負荷は相当程度のものになるはずだった。加えて，一連の施工不備問題により退職者が続出したことは，同部も例外ではなかったため，人材不足によるスケジュールの遅延も懸念された。

　そこで，事の重大さに鑑み，社長名で基準適用が同部の最優先の対応事項である旨を当社のイントラネット上で表明することとなった。

　なお，基準の適用初年度における有価証券報告書の提出に際しても，新たに開示すべき注記項目が加わるため，引き続き最優先課題として取り組んでもらうこととなった。

　人材不足の折，情報システム部長には心から感謝の意を表したい。

　余談であるが，電子帳簿保存法や適格請求書等保存方式（インボイス制度）の導入に備え，これもまた最優先事項として，同部に要請することとなり，どうにも頭が上がらない。

【図表9-4】啓蒙活動とシステム対応

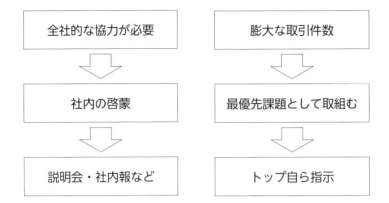

5　振り返り

(1)　基準の腹落ち感

　やはり，どうにもこの基準には腹落ち感がない。履行義務など耳慣れない言い回しや要件のわかりづらさなど，しっくりこない。

　今さらながらではあるが，もし，わが国が本基準の設定当初から関与していれば，もう少し納得感のある基準になったのであろうか。

　IFRSにおいて，のれんの償却が認められないことも，腹落ち感がないという意味で同じである。

　のれんは企業買収などに際して支出した費用の一部であるから，その支出によって獲得される将来の収益に対応させることが筋である。のれんは将来収益に対する費用のかたまりであり，必ず償却しなければならない。

　のれん償却による費用負担を回避したいという企業側の論理が強すぎ

るのである。恣意性排除の観点から，のれんの償却の必要性が支持される場合もあるかもしれないが，そうではなく，費用収益対応という純粋な会計理論の立場から償却は必須なのである。

　会計は「常識」であり，腹落ち感が求められる。

　果たして，この基準が本当に納得感を持って万人に受け入れられるのだろうか。

⑵　情報システム部との連携

　監査法人に勤務していた頃，制度改正や上場準備などに際して内部統制を整備する必要性をクライアントに説明するとき，「システムの整備も併せて必要です」などと相手の苦労も知らずに軽々しく講釈を垂れていたものだった。いざ，自分がクライアントの立場に立つと，監査法人とはいかに理屈だけをこねる人種かということを痛感せざるを得なかった。

　まずは本業優先という立場からは，現業部署に係るシステム対応が最も優先されるべきであるが，金融商品取引法や税法のほか，コーポレート・ガバナンスなどへの対応が必要なことにも，情報システム部の十分な理解を得なければならない。

　もちろん，情報システム部に限らず，新制度対応など全社的なプロジェクトの場合，経営層，現業部署，管理部署，監査部署，グループ会社など，あまねくコンセンサスを得ることが肝要ではあるが，やはり作業の主な担い手は情報システム部であり，時には強く要請しなければならない場面も生じうる。

　ただし，たとえシステム部署に対して強い姿勢で臨むにせよ，丁寧なコミュニケーションを心掛けなければならない。

【図表9-5】納得感の有無にかかわらず法令対応

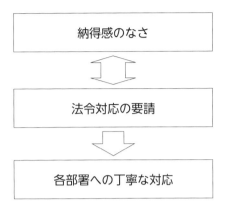

あとがき

　現在の会計実務は，会計上の見積りの開示が必要となり，本格的に「見積りの時代」を迎えたといっても過言ではない。

　本書でも多くの章で会計上の見積項目を取り上げており，そのいずれもが会計・監査上のシリアスな検討課題であった。事前の検証や事後の検証というフレーズも頻出したが，会計上の見積項目を検討するうえで必須の手続となる。

　これらの検討課題に翻弄される中でコロナ禍が襲ったのである。コロナ禍での見積りは困難を極め，当局や日本公認会計士協会，実務家を混乱させた。

　かつて監査法人時代に，クライアントの営業担当役員から「監査法人は過去の数字しか語らないから面白みに欠ける」と言われたことがあるが，今や未来の数字も語らねばならず，隔世の感がある。

　いずれ気候変動などの非財務情報の記載が広く義務化され，ここでも見積りが必要となり，ますます頭を悩ますことになるのであろうか。

　筆者は監査法人を退職して一般事業会社にお世話になっているが，監査法人と監査対象会社という双方の立場に身を置いたからこそ，より俯瞰的な立場から会計を捉えることができ，本書の執筆ができたように思う。

　残念ながら，現状においては，会計に係る経験や知識については監査法人と監査対象会社との間には圧倒的な格差があることを痛感せざるを得ない。

　当社に入社以来，この溝を少しでも埋めることができればという思いが日増しに強くなっていった。

　拙著『ここは外さない‼　有価証券報告書作成・チェックの勘所』
（IKOMAクリエイト）でも記載したが，当社においては，関連書籍の
購入，部内研修，WEB研修を含む社外研修など試行錯誤を重ねながら，
経理人材の育成に日々奮闘している。当社に限らず，経理人材の育成に
苦労されている企業は多いと思われるが，本書が少しでも人材育成のお
役に立てれば，これに適う喜びはない。

　筆者にとって監査法人とは結局，学校のようなものだったかもしれな
い。監査はもちろん，監査以外のさまざまな業務の経験が監査法人を
「卒業」した筆者の貴重な財産となっている。
　どれひとつとして無駄な仕事はなかった。
　当社においては，施工不備問題の渦中にいたときは，かなりしんどい
思いもした。しかし，人間苦しいときに本性を現すというが，苦しいか
らこそ，メンバーの真の実力やビジネスの本質といったものを見極める
力が養われたように思う。
　監査法人や当社の上司や同僚に心から感謝の意を表したい。

　なお，当社は2021年３月期において債務超過の状況となり，株式会社
東京証券取引所における上場廃止に係る猶予期間入り銘柄となったが，
2022年３月期の有価証券報告書を提出した結果，同期において債務超過
が解消されたことにより，猶予期間入り銘柄を解除されることとなった。
　１年前倒しの債務超過解消に社内においても安堵の雰囲気が感じられ
た。
　死の淵をさまよった集中治療室から，ようやく一般病棟に移ることが
できたといったら大袈裟であろうか。

　さて，本書において「監査法人との協議」の節を設けてその内情につ

いて迫ったが，太陽有限責任監査法人には施工不備問題では大変ご迷惑をお掛けしてしまったことをお詫びしたい。監査法人にはいずれの検討課題についても誠実に対応していただいた。

　もともと公認会計士は真面目な人種が多いのだが，特に彼らは大手監査法人とは異なり（？），商売っ気も少なく，監査一筋，品質管理第一という面々が多い。監査責任者も皆，優秀で，さすがパートナーという方々ばかりである。

　今後も緊張感をもってお付き合いさせていただくことになると思うが，筋肉質な会社を目指し，引き続きご指導いただければ幸いである。

　　　　　　　　　　　　　　　　　　　　　　　著　　者

〈著者紹介〉

日野原　克巳（ひのはら　かつみ）

公認会計士

1980（昭和55）年，開成高校卒業。

1985（昭和60）年，慶應義塾大学商学部卒業。

1989（平成元）年，英和監査法人（現・有限責任 あずさ監査法人）入社後，パートナー登用。

2015（平成27）年，株式会社レオパレス21入社，財務経理部に配属，現在に至る。

　主な公的委員として，元独立行政法人　中小企業基盤整備機構　投資評価委員，元日本公認会計士協会北海道会副会長など。

　主な執筆活動（著作に参加を含む）として『（図解　経理人材育成講座）ここは外さない!! 有価証券報告書作成・チェックの勘所』（IKOMA クリエイト），『Q&A ストック・オプション会計の実務ガイド』（中央経済社），『Q&A 新興企業の内部統制実務』（中央経済社），『株式上場の実務 Q&A』（第一法規）など。

執筆補助者

株式会社レオパレス21財務経理部

宇佐美　征哉，伊東　誠之，加藤　太郎，加藤　友里

経営危機時の会計処理
レオパレス21は難局をどう乗り越えたか

2022年9月20日　第1版第1刷発行

著　者　日　野　原　　克　巳
発行者　山　本　　　　継
発行所　㈱中　央　経　済　社
発売元　㈱中央経済グループ
　　　　パ ブ リ ッ シ ン グ

〒101-0051　東京都千代田区神田神保町1-31-2
電話　03 (3293) 3371 (編集代表)
03 (3293) 3381 (営業代表)
https://www.chuokeizai.co.jp
印刷／文唱堂印刷㈱
製本／㈲井上製本所

©2022
Printed in Japan